Excel 2024

La Guía Completa, Paso a Paso, para Aprender todas las Funciones, Fórmulas y Gráficos Esenciales en Sólo 1 Semana, con Consejos Secretos y casi 200 Ilustraciones y Ejemplos

Frank Webber

Índice

Introducción

MS Excel es una herramienta de hoja de cálculo desarrollada por Microsoft que utiliza fórmulas y funciones para organizar números y datos. Las organizaciones de todo el mundo utilizan Excel para realizar análisis financieros. Se utiliza en todas las operaciones comerciales y en empresas de todos los tamaños.

El uso de MS Excel está muy extendido por varias razones, entre ellas la facilidad con la que se pueden guardar, actualizar y exportar datos. Las hojas de cálculo y los libros de Excel pueden utilizarse para consolidar información y datos de distintos archivos y sitios en un único archivo, donde pueden analizarse.

Utiliza distintos tonos de color, negrita y cursiva para resaltar los datos más significativos de tus hojas de cálculo. Además, MS Excel permite a los usuarios elegir un esquema de colores adecuado para facilitar el análisis.

El formato condicional en MS Excel permite cambiar el aspecto de una celda en función de los datos que contenga.

Por ejemplo, puedes elegir el rojo para los números inferiores a mil y el azul para los superiores a mil. MS Excel te permite identificar y analizar patrones en datos de hasta 1 millón de filas y 16.000 columnas Utilizando Shared o One Drive, te permite colaborar con otras personas de tu círculo profesional o social.

Es tan sencillo como enviar por correo electrónico a cada persona un enlace al mismo archivo. Tras guardar tu archivo de Microsoft Excel en One Drive, tú y otros usuarios podréis colaborar y trabajar en él en tiempo real.

Una hoja de cálculo Excel puede editarse y formatearse de diversas maneras. MS Excel se utiliza mucho para registrar y analizar datos, ya que no existe limitación alguna en cuanto a la cantidad de datos que pueden almacenarse en una hoja de cálculo.

Filtrar datos en Excel es sencillo y directo. Con la función de fórmula de MS Excel, hacer cálculos es ahora más fácil y lleva menos tiempo. Encontrar información escrita en papel puede llevar más tiempo, pero no ocurrirá lo mismo con las hojas de Excel.

Es fácil localizar y recuperar datos. Estas hojas de cálculo pueden protegerse con contraseña en un ordenador portátil o de sobremesa, y el riesgo de perderlas es mucho menor que con los datos almacenados en registros o en papel.

Analizar los datos es más fácil cuando se registran en forma de tabla. MS Excel es una de las aplicaciones más útiles para gestionar y analizar grandes cantidades de datos en poco tiempo.

Muchos de nosotros debemos haber adquirido los conocimientos básicos de MS Excel en la escuela primaria y estamos familiarizados con la interfaz de usuario. Los principiantes deben familiarizarse con los conceptos básicos y la interfaz antes de proceder con las operaciones. MS Excel ha ido actualizando sus versiones en función de las necesidades de sus usuarios.

Excel se lanzó inicialmente como una aplicación exclusiva para Mac. Esto es algo que muchos principiantes en Excel desconocen, y puede parecer extraño.

En 1982, Microsoft intentó desarrollar una herramienta de hoja de cálculo llamada Multiplan, pero no tuvo éxito. 2' era el nombre de la primera versión para Windows de Microsoft Excel.

Se trataba de una reedición del 'Excel 2' de Mac, que incluía un entorno de ejecución Windows.

La posterior versión '3' de MS Excel incluía barras de herramientas, funciones de dibujo, resaltado, compatibilidad con complementos, mapas en 3D y otras muchas nuevas características.

MS Excel '4' fue la primera versión 'mainstream' del programa.

Se han introducido muchas mejoras de usabilidad, en particular el Autorrelleno, que se introdujo en esta versión por primera vez.

MS Excel '5' fue sin duda un gran paso adelante.

Se han incorporado hojas de cálculo múltiples, así como soporte para macros y VBA. Como consecuencia de estas últimas mejoras, Excel se hizo más resistente al ataque de los virus de macros, que seguirían siendo un problema hasta la edición de 2007.

En términos de funcionalidad, Excel '95' es similar a Excel 5. También cabe preguntarse por qué no está disponible Microsoft Excel 6. Todos los productos de Microsoft Office utilizaron la misma versión de firmware a partir de Excel 7, y se cambió el método de identificación de la edición.

MS Excel desarrolla sus prestaciones día a día, y MS Excel 2024 es casi un paquete completo para sus usuarios con múltiples funciones y características nuevas.

Capítulo 1:

Conceptos básicos de MS Excel

Existen otras aplicaciones de hojas de cálculo, pero Excel es la más utilizada de todas. La gente lleva utilizándolo desde hace 30 años, y ha evolucionado con el tiempo para incluir cada vez más funciones. Hoy en día, se requieren conocimientos básicos de Excel para casi cualquier trabajo.

Los conocimientos básicos de Excel incluyen la familiaridad con las bandas y la interfaz de usuario de Excel, la capacidad de acceder a los datos y darles formato, determinar totales y resúmenes mediante fórmulas, mejorar los datos que ofrece un producto, crear informes y gráficos sencillos y comprender el valor de los atajos de teclado y los trucos de productividad.

La mayor ventaja de Excel es que puede utilizarse para una amplia gama de operaciones empresariales, como estadísticas, contabilidad, gestión de datos, previsiones, análisis, seguimiento de inventarios y facturación e inteligencia empresarial.

Hay millones de cosas que MS Excel puede hacer. MS Excel puede calcular más datos juntos y de forma sencilla o fácil.

- Números concretos
- Almacenamiento e importación de datos
- Cuadros de mando/modelos
- Manipulación del texto

- Automatización de tareas
- Gráficos y tablas
- Y mucho más...

Hay millones de cosas que puedes hacer con MS Excel, pero aquí tienes los tres componentes más importantes que deberías aprender a utilizar:

- Cuadernos de trabajo
- Células
- Hojas de trabajo

1: Cuadernos de trabajo

Cada libro de trabajo, como cualquier otro programa, es un archivo independiente. Hay 1 o más hojas de trabajo por cuaderno.

Un libro de trabajo puede referirse tanto a un conjunto de muchas hojas de trabajo como a una sola hoja de trabajo.

Puede añadir o eliminar hojas de cálculo, ocultarlas sin eliminarlas y reorganizar el orden en que aparecen en el libro de trabajo.

Un documento Excel se conoce como libro de trabajo y también tiene la extensión de archivo .xlsx ('.xlsx').

Un libro de trabajo consta de una o más hojas de trabajo, y el libro de trabajo por defecto tiene tres. Puede elegir qué hoja de trabajo se muestra en ese momento utilizando las pestañas de la base del libro de trabajo. Piense en un cuaderno como una pila de hojas de trabajo apiladas unas encima de otras.

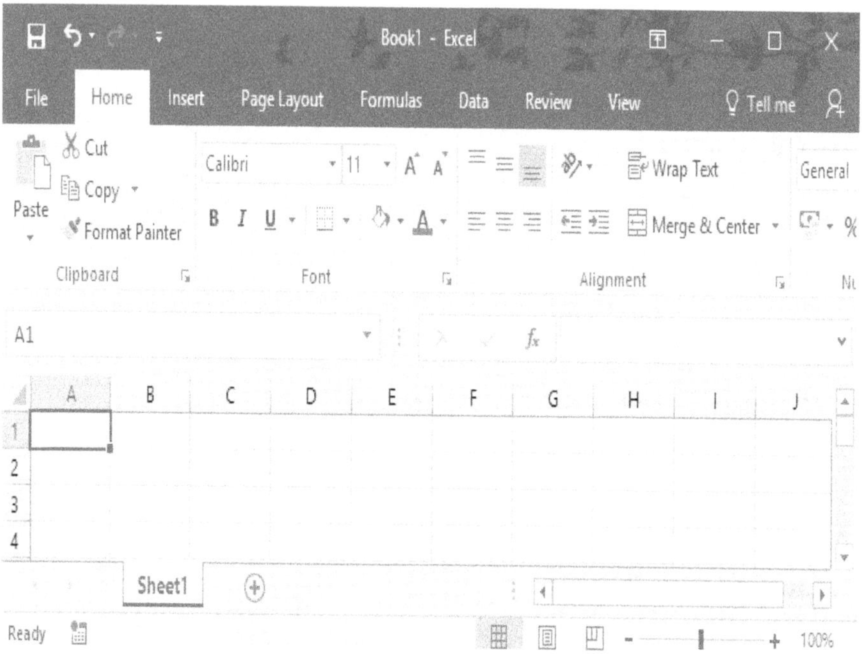

Puede organizar mejor sus datos utilizando varias hojas de cálculo dentro de un mismo libro. Libro1, Libro2 y así sucesivamente son las convenciones de nomenclatura estándar para los libros de trabajo. Sin embargo, puede abrir muchos libros de trabajo (si la memoria lo permite), pero sólo puede haber un libro activo en cada momento.

Mantenga pulsada la tecla Mayús y elija (Archivo > Cerrar todo) si tiene muchas carpetas abiertas y desea eliminarlas todas rápidamente. Antes de cerrar se le advertirá si hay algún dato que pueda perderse, ya que aún no se ha guardado.

Seleccionando (Ver > Pantalla completa), puedes ver tus carpetas de trabajo a pantalla completa. La eliminación de todas las barras de herramientas, excepto la barra de menús, aumentará la cantidad de datos que se pueden mostrar. Sin embargo, optimizará Excel en tu ordenador.

Si utiliza el Explorador de Windows para renombrar archivos de libros de trabajo, recuerde mantener el documento en ('.xls').

Esta extensión indica que el archivo es un libro de Excel.

La función (Edición > Anular) es única para el libro de trabajo (no para la hoja de cálculo) y debe utilizarse para deshacer las 16 acciones anteriores. También puede guardar una hoja de cálculo utilizando la tecla de acceso directo (Mayúsculas + F12).

También puede acceder al cuadro de diálogo (Archivo > Exportar) mediante la tecla de acceso directo (Ctrl + F12).

2: Células

Una celda es un cuadro cuadrado de Microsoft Excel que aparece en la unión de una columna vertical y una fila horizontal de una hoja de cálculo. Los valores alfabéticos A, B y C se utilizan para numerar las columnas verticales. Los valores numéricos, incluidos 1, 2 y 3, se utilizan para numerar las filas horizontales.

El componente más sencillo pero más potente de una hoja de cálculo es la celda. Puede insertar o copiar y pegar datos en una celda. Una letra, un número o incluso una fecha pueden considerarse datos. También puedes modificar su tamaño, color de fuente, color de fondo, bordes y otras características.

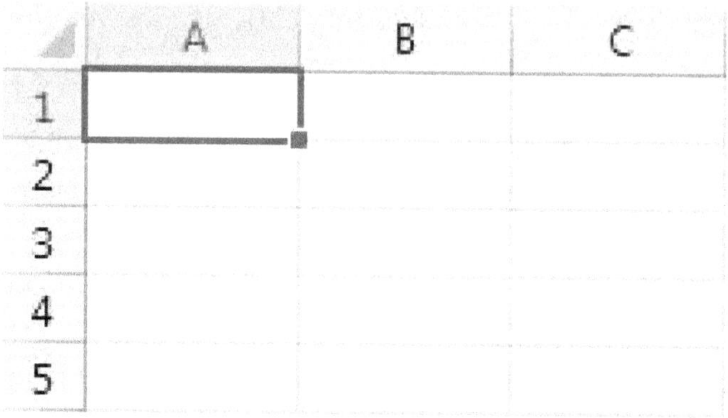

Rango de celdas

En una hoja de cálculo, un rango de celdas se define por la intersección de la celda superior izquierda y la celda inferior derecha (valor más alto). Un rango de celdas es un conjunto de celdas de un archivo Excel. Este ámbito suele ser cuadrado y simétrico, aunque también puede estar formado por muchas celdas individuales. Una fórmula también puede referirse a un rango de celdas.

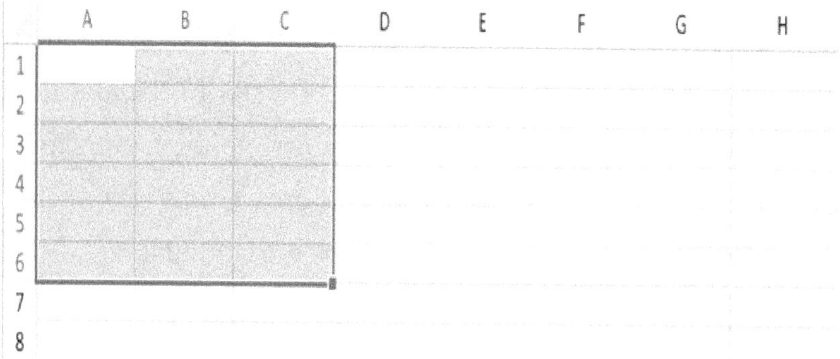

Así, la selección de varias celdas se denomina rango de celdas.

Intervalos irregulares entre celdas

La selección de varias celdas pero no de la misma columna o fila.

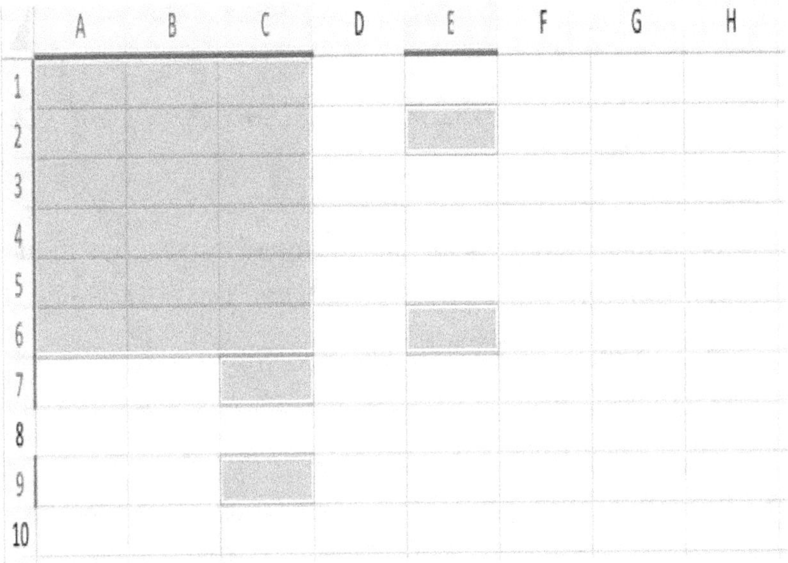

Funciones y fórmulas

Las fórmulas y funciones útiles para los cálculos pueden especificarse o modificarse en las celdas. Hay una diferencia entre estos dos conceptos: una fórmula es una expresión que se utiliza para calcular el valor de una celda, mientras que las funciones son fórmulas predefinidas que están disponibles en Microsoft Excel.

Por ejemplo, en la celda A3 de la siguiente imagen se introduce una fórmula que suma el valor de la celda A2 al valor de la celda A1 y da el resultado final.

| A3 | | ▼ | ⋮ | × | ✓ | f_x | =A1+A2 |

◢	A	B	C	D	E	F
1	2					
2	3					
3	5					
4						

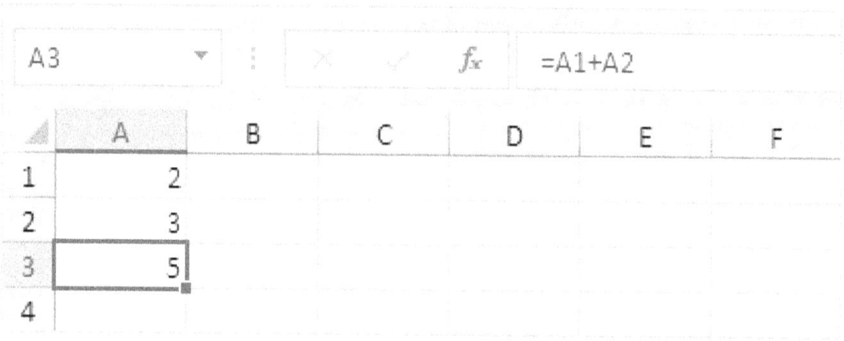

Y una función SUMA (A1:A2), por ejemplo, sumará los números dentro del rango A1:A2 y dará el resultado. Del mismo modo, en MS Excel se pueden utilizar múltiples funciones y fórmulas.

| A3 | | ▼ | ⋮ | | ✓ | f_x | =SUM(A1:A2) |

◢	A	B	C	D	E	F
1	2					
2	3					
3	5					
4						

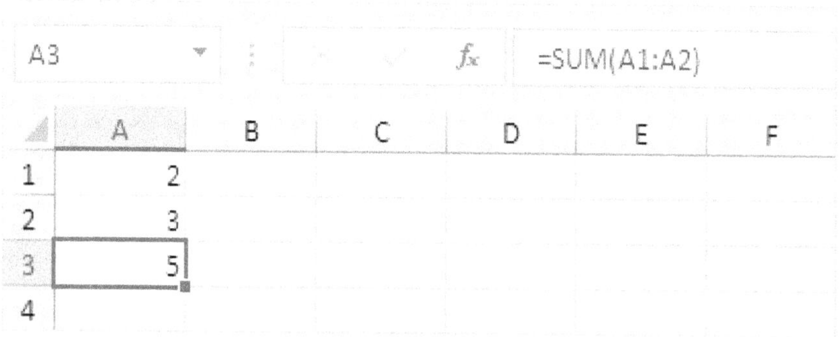

Para insertar una fórmula, debes seguir estos pasos:

1. Elija una celda y haga clic en ella.
2. Excel sabrá que ha empezado a escribir una fórmula si introduce un signo igual (=).
3. Continúe escribiendo la fórmula como, por ejemplo, A1+A2 en la página anterior. Como consejo: para hacerlo todo más rápido, en lugar de escribir A1 y A2 por separado, basta con hacer clic en la celda A1 y en la celda A2 para seleccionarlas.
4. Excel cambiará automáticamente el valor de la celda A1 a 3.

5. Si desea cambiar la fórmula, haga clic en una barra de fórmulas y cambie la fórmula como en la imagen siguiente. Pulse Intro.

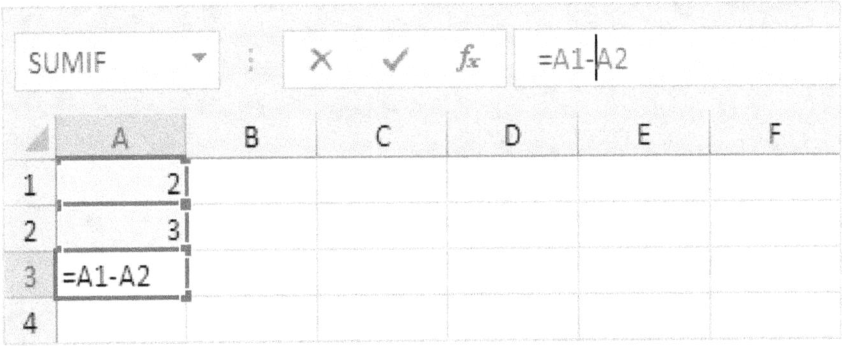

3: Fichas de trabajo

Un grupo de celdas estructuradas en filas y columnas se denomina hoja de cálculo en los documentos Excel. Es la superficie de escritura que se utiliza para introducir datos. Cada hoja de cálculo es una enorme tabla con 1048576 filas y 16384 columnas que puedes utilizar para organizar la información. Un libro de trabajo suele constar de varias hojas de trabajo con información comparable, aunque sólo una de ellas esté activa en un momento dado. Cuando se trabaja con Excel, a menudo se utilizan las frases hoja de cálculo, filas, columnas y celdas. Repasaremos los conceptos básicos de esta terminología, así como las operaciones (seleccionar, renombrar, insertar, mover, hacer, duplicar, pegar, eliminar, etc.) que realizan.

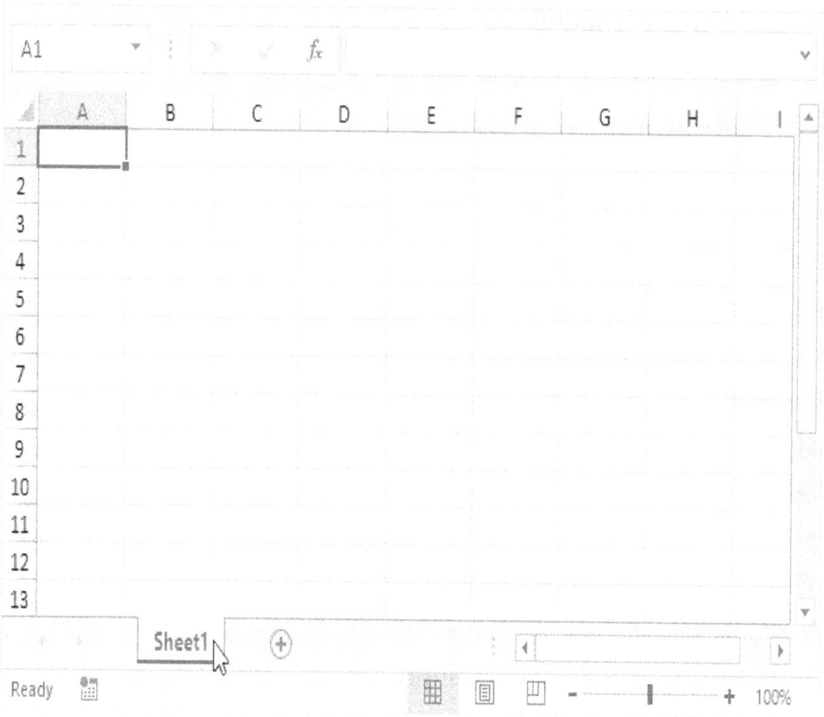

Selección de hojas de trabajo

Microsoft Excel abre por defecto la hoja de cálculo Hoja1 cada vez que se inicia un libro de Excel. La identidad de la hoja "Hoja1" se indica en su pestaña en la parte inferior del panel de la ventana, como se ve en la figura siguiente. Sin embargo, puedes cambiarle el nombre en cualquier momento.

Cambiar el nombre de la hoja de cálculo

Siga las instrucciones siguientes para cambiar el nombre de la hoja de cálculo por otro más personalizado y relevante.

1. Cambie el nombre de la pestaña de la hoja haciendo clic con el botón derecho del ratón.

2. Aparecerá una ventana con una barra de herramientas. Seleccione Renombrar en el menú desplegable.

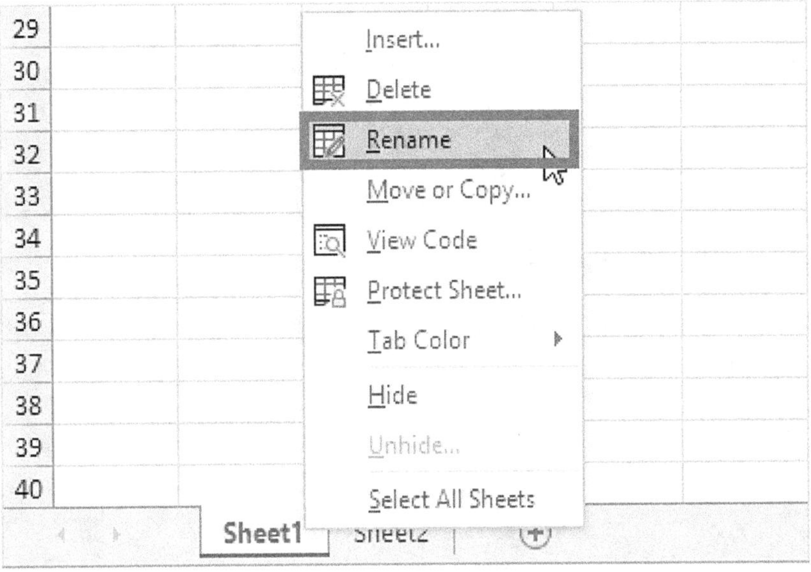

Insertar hoja

Excel permite a los usuarios crear diferentes hojas de cálculo en función de sus necesidades. Haga clic en el icono de añadir (+) en la parte inferior del panel de la ventana para añadir una nueva hoja de cálculo a Excel. La nueva hoja de trabajo se titulará por defecto "HojaN", donde N es un número entero como 1,2,3,4,5,6,7, ... n.

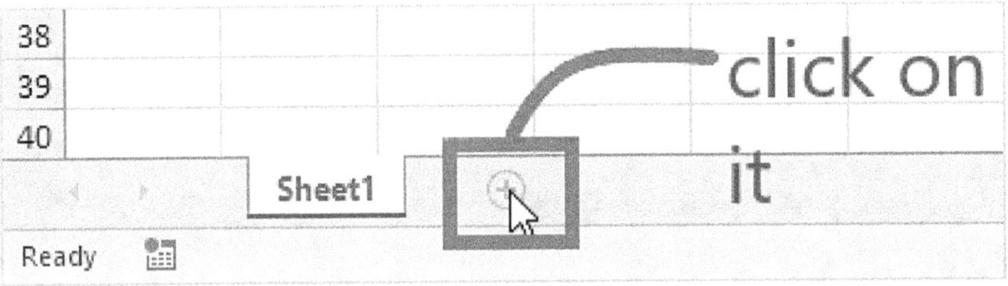

Resultado

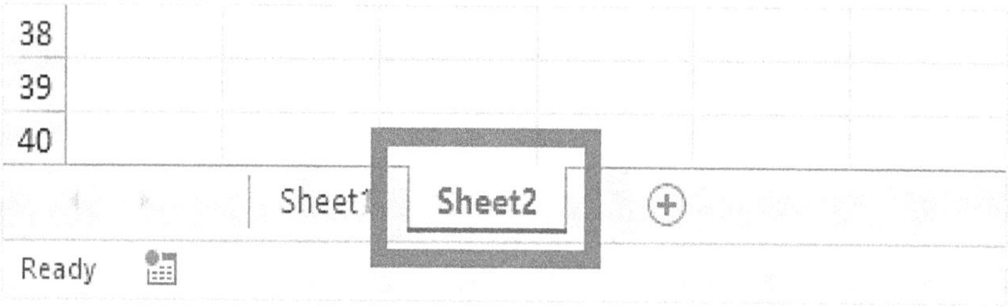

Desplazamiento de la hoja de cálculo

Puede reorganizar y encontrar su hoja en cualquier secuencia en Excel. Arrastre su hoja a la ubicación deseada haciendo clic y arrastrando.

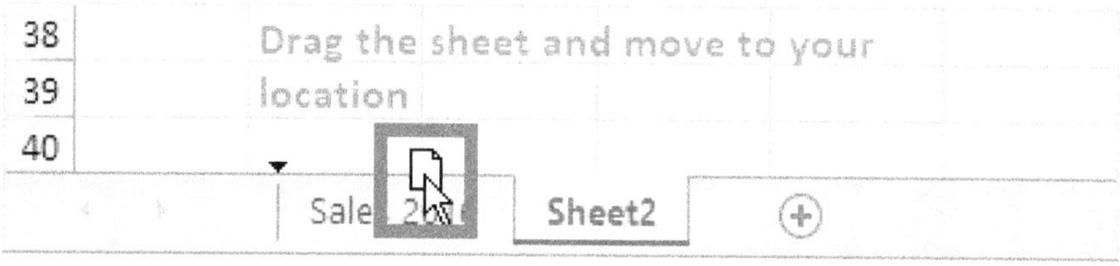

Resultado

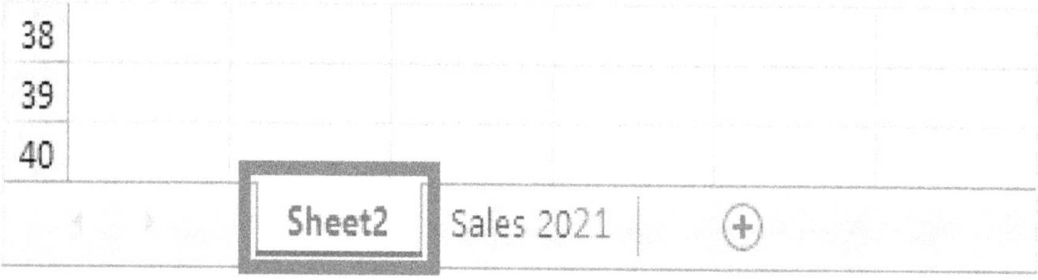

4: Filas

De 1 a 1048576, las filas se extienden horizontalmente por la hoja de cálculo. El número situado en la parte inferior izquierda de las filas, donde comienza la fila, sirve para identificarla.

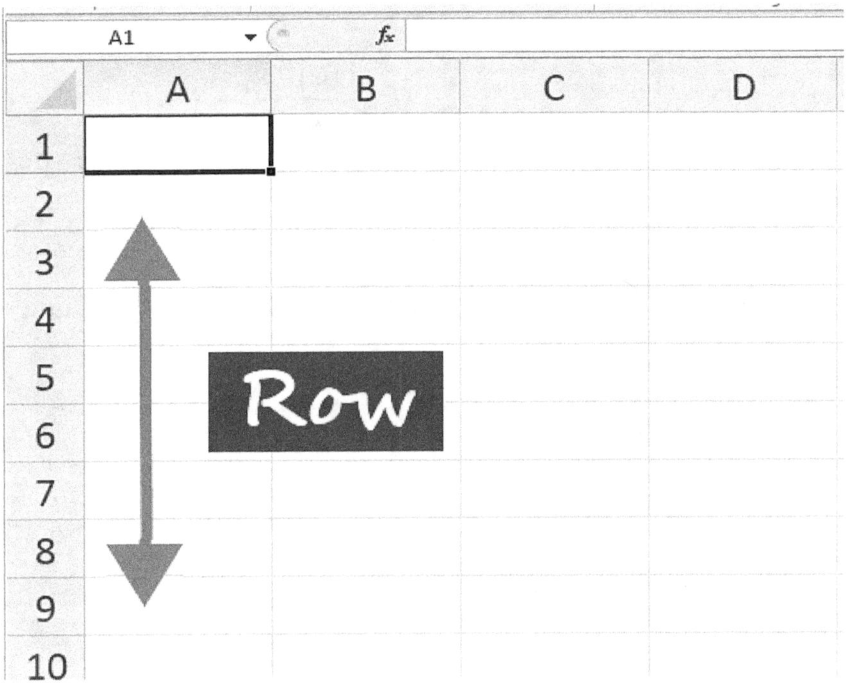

Borrar línea

Para organizar o editar datos en Excel, los usuarios pueden eliminar una fila dentro de la hoja de cálculo. En Excel, eliminar una fila es muy sencillo.

- Puede eliminar cualquier celda de la fila seleccionándola. Seleccione la celda haciendo clic con el botón derecho del ratón.

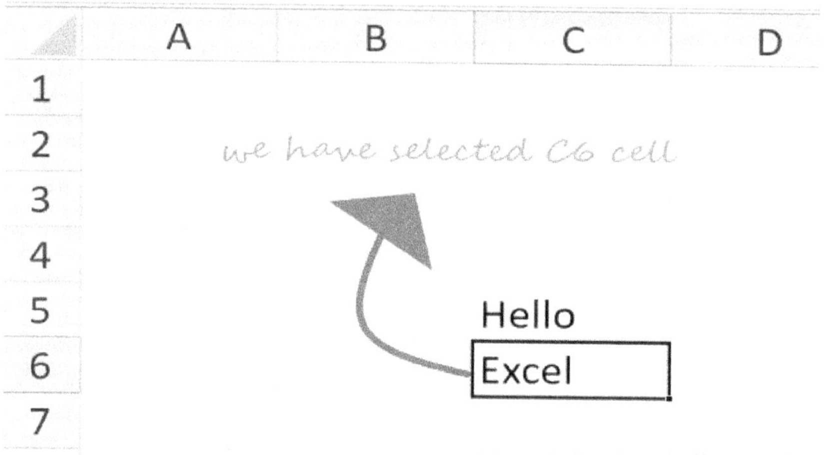

- A continuación, aparecerá un cuadro de diálogo como el que se muestra a continuación

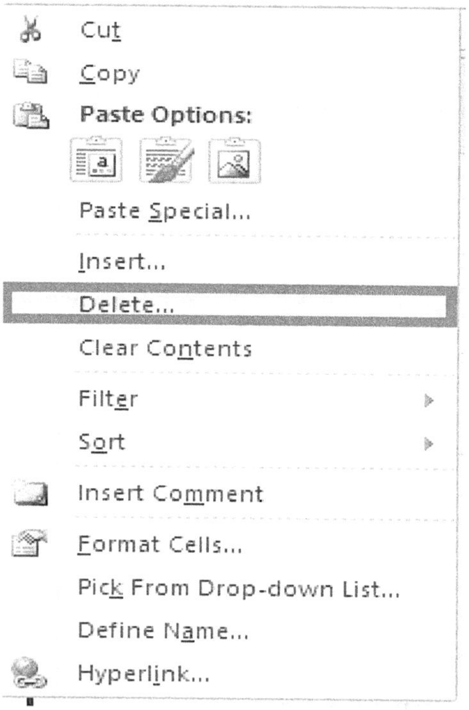

- Tras hacer clic en eliminar línea, aparecerá un nuevo cuadro de diálogo en el que deberá hacer clic en toda la línea.

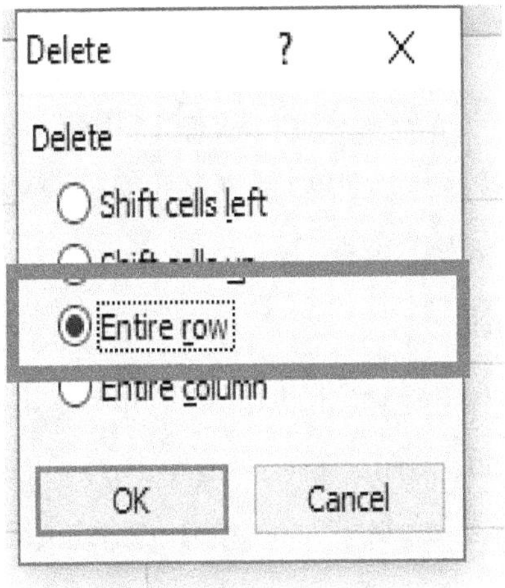

- De este modo, la línea completa se borrará de la hoja.

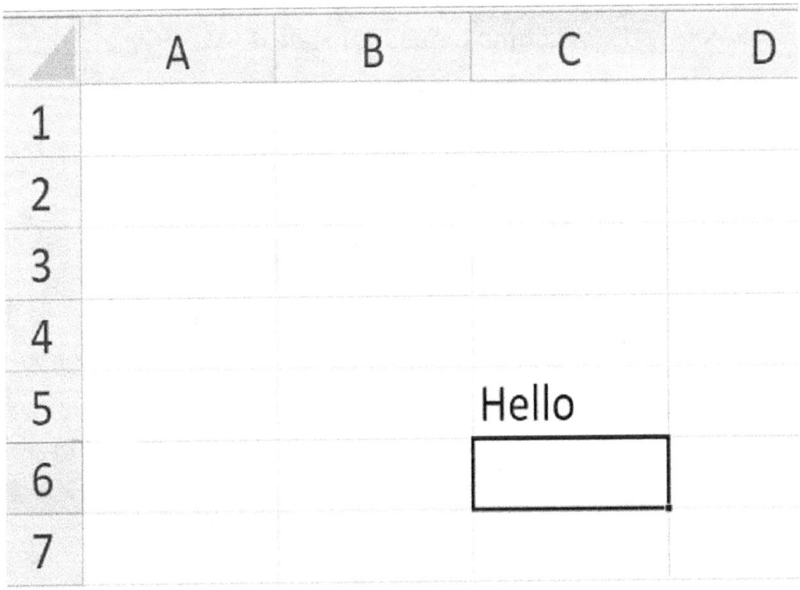

Añadir una línea

Para organizar o editar sus datos, muchos usuarios de Excel pueden necesitar insertar una fila nueva y adicional en la hoja de cálculo.

- Seleccione la celda dentro de la fila en la que desea añadir una nueva fila y haga clic con el botón derecho del ratón.
- Aparecerá el cuadro de diálogo.
- Selecciona Insertar.
- Aparecerá un cuadro de diálogo para introducir texto.
- Seleccione "Toda la fila" en el menú desplegable. Añadirá una nueva fila encima de la celda que haya elegido.

5: Columnas

De A a XFD, las columnas fluyen hacia abajo por la hoja de cálculo. Una columna puede identificarse mediante una cabecera en la parte superior de la columna, que indica de dónde procede.

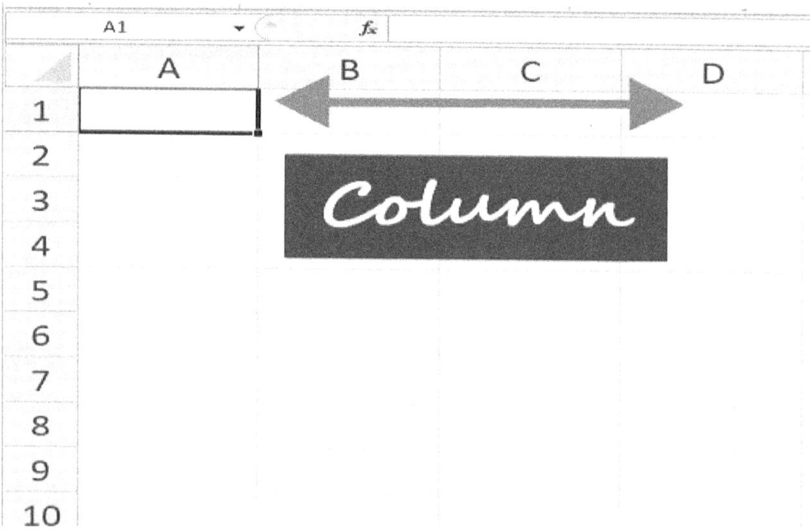

Añadir una columna

Para organizar o editar sus datos, muchos usuarios de Excel pueden necesitar insertar una nueva columna en la hoja de cálculo.

- Elija la celda de la columna en la que desea añadir una nueva columna y haga clic con el botón derecho del ratón.

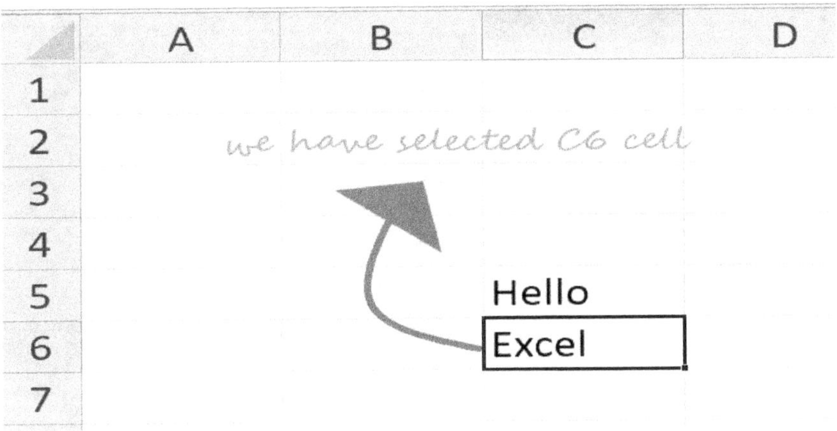

- A continuación, aparecerá un cuadro de diálogo; seleccione insertar columna. (insertar columna)

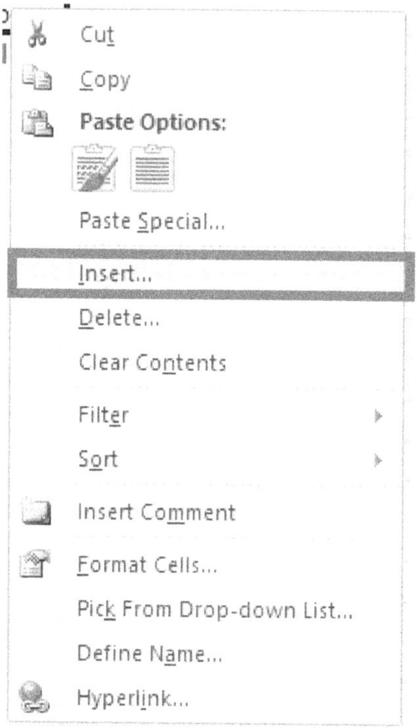

- Aparecerá un nuevo cuadro de diálogo; seleccione toda la columna.

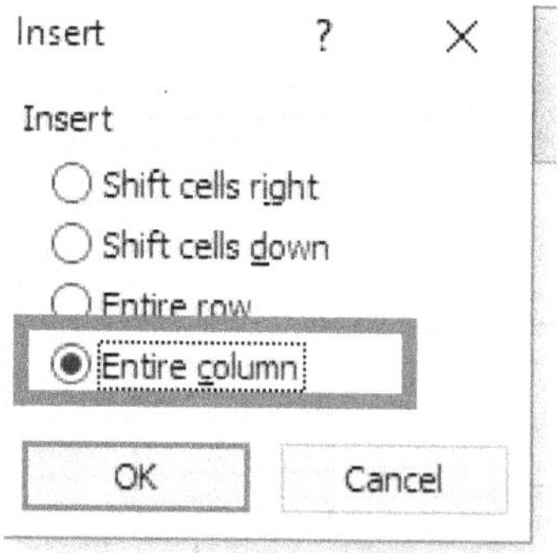

- Después de estos pasos, verá que se ha añadido una nueva columna a la hoja.

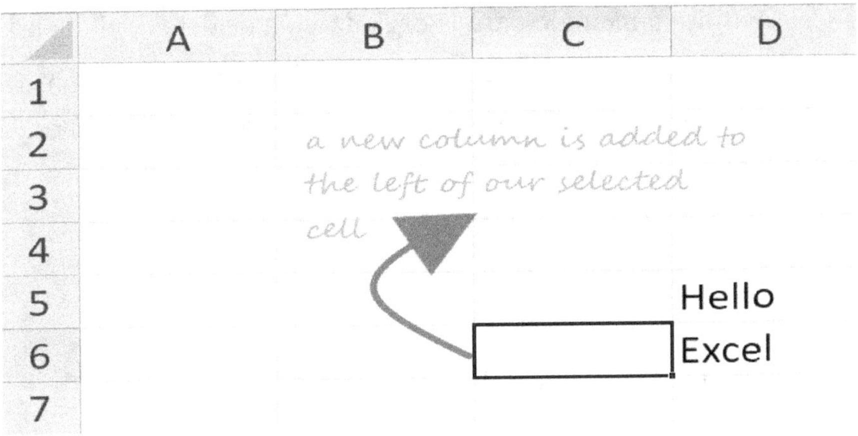

1: Usos de MS Excel y sus ventajas

Microsoft Excel, a veces conocido como MS Excel, es una herramienta de software que forma parte del paquete Microsoft Office. Es uno de los programas de hojas de cálculo más sofisticados que organizan los datos mediante filas y columnas.

Excel parece ser un programa de cálculo numérico necesario que se utiliza principalmente para gestionar las finanzas familiares y generar informes sencillos. Excel, por su parte, es algo más que una herramienta de elaboración de informes.

Excel es un software sofisticado que puede utilizarse para una gran variedad de tareas, tanto personales como profesionales.

En consecuencia, MS Excel tiene un enorme número de aplicaciones posibles, y la lista continúa. Repasaremos algunas de las aplicaciones más comunes de Microsoft Excel para ayudarnos a comprender mejor sus capacidades y el modo en que diversas personas y organizaciones lo utilizan para satisfacer sus necesidades.

Excel se utiliza a menudo para la organización de datos y el análisis financiero. Se utiliza en todas las operaciones comerciales y en empresas de todos los tamaños. Éstos son los usos más comunes de MS Excel:

- Realización de cálculos
- Archivo e introducción de datos
- Interpretación y análisis de datos
- Presupuestos y contabilidad
- Visualizaciones e informes
- Verificación y recopilación de datos de la empresa
- Tareas administrativas y de gestión
- Horarios y calendarios
- Automatización de tareas repetitivas
- Previsiones

Realización de cálculos

MS Excel viene con una serie de funciones y fórmulas incorporadas que pueden utilizarse para manipular datos. Excel dispone de unas 450 funciones organizadas en diferentes categorías.

Finanzas, razonamiento, texto, hora y fecha, matemáticas y trigonometría son algunas de las más importantes, especialmente en una biblioteca de funciones de Excel.

Dentro de la hoja de cálculo, podemos utilizar las funciones o fórmulas adecuadas en cualquier fila, columna o celda.

Además de las fórmulas rutinarias y reales, podemos desarrollar nuestras propias fórmulas utilizando capacidades de programación o macros. Como resultado, no tendremos que repetir todo el trabajo. Tras construir el conjunto adecuado de funciones, tendremos que suministrarles valores para recibir los resultados deseados.

Este es uno de los mejores usos de MS Excel, ya que nos permite realizar prácticamente cualquier tipo de cálculo (combinación, reducción, multiplicación, división, etc.).

Archivo e introducción de datos

Excel es un programa excelente para las necesidades básicas de introducción y almacenamiento de datos. Excel es una herramienta excelente para almacenar grandes cantidades de datos.

Sin embargo, la cantidad de la hoja Excel está limitada por la capacidad del ordenador y la memoria disponible en el dispositivo. En formato de tabla, las hojas de cálculo de Excel pueden contener 1.048.576 filas y 16.384 columnas. Una vez organizados, podemos utilizar los datos de una hoja Excel por diversas razones. Podemos realizar diversos procedimientos con los datos utilizando diversas herramientas y ecuaciones.

Employees Mailing List

Employee ID	Designation	Joining Date	Email
Emp01	Content Writer	1/3/2021	example1@gmail.com
Emp02	Content Writer	20/3/2021	example2@gmail.com
Emp03	Graphic Designer	4/3/2021	example3@gmail.com
Emp04	Graphic Designer	1/3/2021	example4@gmail.com
Emp05	Developer	9/3/2021	example5@gmail.com

Además, herramientas como el formulario de datos de Excel facilitan la introducción y visualización de datos.

Los usuarios pueden utilizarlo para crear formularios de entrada de datos personalizados que satisfagan sus necesidades empresariales. Además, podemos utilizar Excel para crear varias listas con distintos fines. Por ejemplo, listas de correo de clientes, relaciones laborales de los empleados, rotación de turnos de los empleados, etc.

Interpretación y análisis de datos

MS Excel incluye el análisis de datos como función estándar.

El análisis de datos ayuda en el proceso de toma de decisiones encaminadas a la mejora. Podemos utilizar fórmulas y tablas dinámicas para evaluar y comprender correctamente los datos una vez actualizados en las hojas de cálculo. Con estas características podemos condensar los datos y centrarnos en las partes relevantes extraídas de enormes conjuntos de datos.

La tabla puede controlarse de forma más coherente para realizar campos de datos esenciales mediante funciones como el tipo, el filtrado y el cambio de segmentos de datos. Además, podemos hacer un informe resumido interactivo con resultados comunicativos exactos tomando una instantánea de la parte especificada y adjuntándola a una región concreta en Excel.

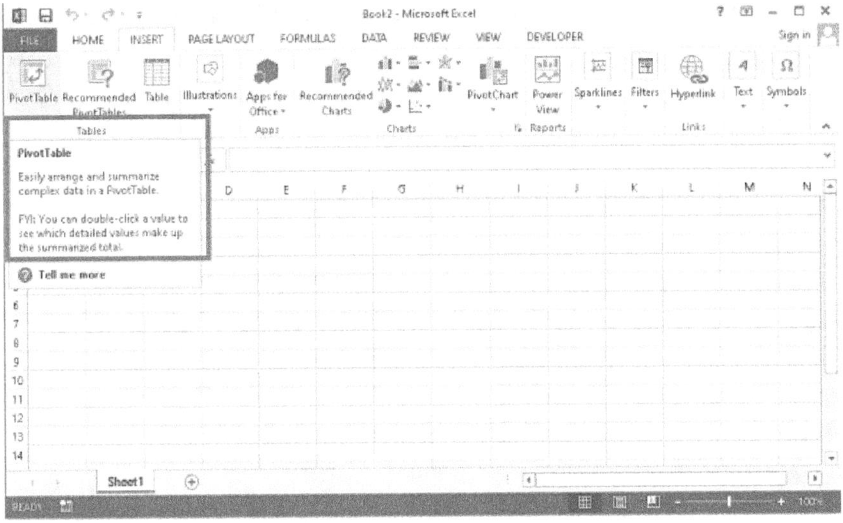

Presupuestos y contabilidad

Los responsables de contabilidad y presupuestos suelen utilizar Microsoft Excel para llevar un registro de la información de los clientes. Se trata de una forma sencilla de organizar los datos y mantenerlos actualizados utilizando las funciones básicas de edición del programa Excel.

Llevar registros es una de las tareas más importantes de los gestores de cuentas, ya que les permite establecer buenas relaciones con sus clientes.

Esto permite a los gestores de cuentas o presupuestos fidelizar a los consumidores, lo que se traduce en más compras repetidas.

Además, los usuarios pueden localizar rápidamente información en Excel y compartirla con otros si es necesario.

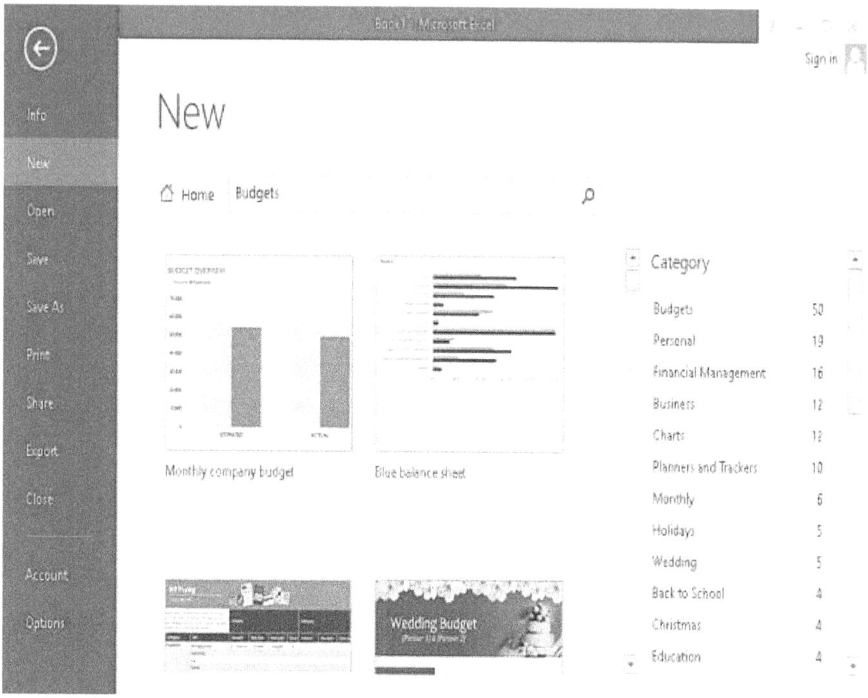

Excel también incluye una serie de plantillas de contabilidad y presupuestos que pueden utilizarse o modificarse según las necesidades.

Algunas plantillas avanzadas también pueden incluir ecuaciones o funciones que pueden utilizarse para realizar cálculos simples o sofisticados.

En consecuencia, Excel es también un útil programa de contabilidad y presupuestación que nos permite sintetizar rápidamente los resultados en las categorías adecuadas.

Visualizaciones e informes

Cualquier informe básico puede hacerse más atractivo y comprensible añadiendo gráficos y otras visualizaciones.

Suele ser preferible utilizar varios gráficos para describir los datos de forma más atractiva. En ocasiones, un gráfico sencillo puede abarcar y explicar los resultados deseados de forma más eficaz que una gran tabla con un amplio abanico de datos.

Verificación y recopilación de datos de la empresa

La mayoría de los registros del programa pueden exportarse a Excel para facilitar el acceso. Excel también puede ayudar a editar datos, como eliminar o borrar registros duplicados.

Organizar los datos con Excel es mucho más fácil, y unos datos bien gestionados pueden tener una influencia significativa en futuras investigaciones o resultados.

Tareas administrativas y de gestión

Crear y mantener diversos procesos empresariales es uno de los componentes más importantes de las responsabilidades administrativas o de gestión.

La respuesta es Microsoft Excel. El programa ya no sólo sirve para mantener registros. Muchas otras tareas de la administración de oficinas se benefician de ella, como la facturación, el pago de facturas, la anotación de ganancias, pérdidas, gastos, etc.

Horarios y calendarios

Otro uso esencial de Excel es la creación de calendarios y horarios. Excel dispone de numerosas funciones integradas que pueden ayudarle a crear fechas o días consecutivos.

No tenemos que introducir todas las fechas o días manualmente. Además, podemos utilizar filas y columnas en Excel para organizar correctamente las fechas y los días con el fin de construir un calendario bien estructurado.

Una vez construido el calendario, podemos añadir horarios o actividades para determinadas fechas o días mediante comentarios o texto.

Las empresas pueden fijar objetivos con más éxito utilizando calendarios. Dependiendo del tamaño de sus datos, también pueden elaborar informes anuales sobre las operaciones de su empresa en la misma hoja de cálculo o en otras.

Lo mejor de MS Excel es que incluye algunas plantillas de calendario listas para usar que pueden descargarse y actualizarse desde el propio programa.

Excel también permite a los usuarios crear plantillas personalizadas con distintos estilos y vistas, que pueden guardarse para utilizarlas en el futuro.

Automatización de tareas repetitivas

Excel es un programa potente con varias funciones avanzadas que facilitan la resolución de problemas complicados.

Visual Basic es una función de Microsoft Excel que permite a los desarrolladores utilizar funciones avanzadas para automatizar procesos comunes.

Podemos utilizar editores de Visual Basic para automatizar informes si conocemos el nivel experto de MS Excel.

Previsiones

Para un desarrollo y progreso continuos, las empresas necesitan organizar los datos y examinarlos periódicamente.

Sin embargo, también es crucial dar sentido a los numerosos escenarios o resultados que pueden surgir como consecuencia de los insumos aplicados.

Los informes continuos pueden ser útiles para predecir resultados futuros. Esto implica que los datos históricos pueden utilizarse para hacer suposiciones a un nivel básico.

Incluso cuando no disponemos de datos previos pero tenemos un objetivo, Excel puede ayudarnos a identificar las entradas adecuadas para los resultados exactos que queremos conseguir.

Podemos averiguar qué hay que hacer para alcanzar el objetivo especificado definiendo correctamente el objetivo deseado.

Ventajas

Las ventajas de MS Excel son múltiples y algunas de ellas se enumeran a continuación:

- Se pueden realizar cálculos
- La mejor forma de almacenar datos
- Todas las herramientas para el análisis de datos
- Puedes imprimir informes fácilmente
- Fácil visualización de datos con gráficos
- Muchas plantillas gratuitas
- Transformación y limpieza de datos
- Puede codificarse para automatizar
- Puede trabajar con Excel en línea + aplicación móvil
- Almacena datos con millones de filas

2: Terminología básica

MS Excel es una de las aplicaciones más flexibles que existen. Puede hacer cualquier cosa, desde la simple organización de datos hasta cálculos matemáticos más complicados con fines empresariales o técnicos.

Aunque las funciones básicas del programa son fáciles de entender, incluye cierta jerga que puede confundir a los recién llegados.

Celda: en una hoja de cálculo, cada celda es un rectángulo o bloque. Cualquier información que desee incluir en sus hojas de cálculo debe colocarse en una celda. Dependiendo de lo que desee hacer, las celdas pueden colorearse, mostrar texto, números y los resultados de los cálculos. Una celda que está abierta para edición se denomina celda activa.

Libro de trabajo: Un archivo Excel avanzado se denomina libro de trabajo. El libro de trabajo almacena toda la información y permite filtrar y calcular los resultados. Un libro de trabajo compartido es un libro de trabajo al que pueden acceder y editar varios usuarios de la misma red.

Filas y **columnas:** La alineación de las celdas se define mediante columnas y filas. Las columnas están alineadas verticalmente, mientras que las filas lo están horizontalmente.

Hoja de trabajo: Las hojas de trabajo son documentos que se incluyen en un libro de trabajo. Los libros de trabajo, a menudo conocidos como hojas de cálculo, pueden incluir muchas hojas de trabajo. Las pestañas de la parte inferior de la página le mostrarán en cuál de las hojas de trabajo está trabajando actualmente.

Una hoja activa u hoja de trabajo activa es el término apropiado.

Cabeceras de filas y columnas: Estas cabeceras son las regiones grises con letras y números situadas inmediatamente fuera de las columnas y filas. Al hacer clic en una cabecera, se selecciona toda la fila o columna. Las cabeceras también pueden utilizarse para cambiar la anchura de la fila o columna.

Cinta: La cinta es una parte de las pestañas de comandos situada encima de la hoja de cálculo. Detrás de cada pestaña de la cinta hay un sinfín de posibilidades.

Espacio de trabajo: Un espacio de trabajo, como las hojas de un libro, permite abrir varios archivos al mismo tiempo.

Operadores: En una expresión, los operadores son caracteres o signos que especifican los cálculos que deben realizarse.

Los operadores no tienen por qué ser operadores matemáticos básicos; también pueden ser operadores de comparación, concatenación de texto o referencia.

Plantilla: Una plantilla es un libro u hoja de cálculo de Excel que se ha creado para ayudar a los usuarios a realizar una determinada tarea. La evaluación de las poblaciones, los mapas de procesos y los calendarios son algunos ejemplos.

Fórmula: Se genera un valor a partir de una serie dentro de una celda. Debe comenzar con un símbolo igual (=).

Una fórmula matemática, un sistema numérico, funciones o un operador pueden ser ejemplos. Expresión es otro nombre para una fórmula.

3: Funciones básicas de MS Excel, introducción de datos, fórmulas e impression

Datos de entrada

Basta con elegir una celda y empezar a escribir para introducir datos en Excel. El texto se mostrará tanto en la celda como en la barra de ecuaciones superior.

Intro para que Excel reconozca los datos introducidos.

Los datos se introducirán inmediatamente y el ratón se moverá una celda hacia abajo. En lugar de utilizar intro, puede utilizar el tabulador una vez introducidos los datos; pulse tabulador para mover el puntero una columna a la derecha.

Cuando Excel detecta que está escribiendo en una lista, al hacer clic en Intro al final de la línea, el cursor se desplaza una línea hacia abajo y vuelve a la primera columna.

Puedes cancelar utilizando la tecla escape (esc) en cualquier momento mientras escribes. Esto restaura Excel a su estado anterior al comienzo de la entrada. Basta con seleccionar las celdas y pulsar la tecla de escape para eliminar la información introducida.

Fórmulas y funciones

Cuando se trabaja con MS Excel, las fórmulas y funciones aumentan la eficacia del usuario.

Una FUNCIÓN EXCEL PREDEFINIDA se utiliza para determinadas cantidades en un determinado orden.

Aunque los términos función y fórmula se utilizan a veces indistintamente, no son lo mismo.

¿Cuál es la diferencia entre ambos? Una fórmula no es más que una expresión que calcula el valor de una celda utilizando enlaces de celdas o enteros codificados.

Una fórmula básica es a veces todo lo que puede hacer para obtener el resultado adecuado, pero las funciones le permiten hacer mucho más.

Una fórmula es una expresión matemática que mide valores en una o más celdas. La fórmula =A5+A6+A7+A8 suma los números de las celdas A5 a A8, por ejemplo.

Para operaciones rápidas como determinar el total, el recuento, la media, el valor más alto y el valor más bajo de una serie de celdas, se utiliza la fórmula que contiene una función. Así, la función SUMA, por ejemplo, puede utilizarse en la celda A3 para determinar el total de los intervalos A1:A2. Fórmulas más habituales que contienen una función

- **AVERAGE** es una fórmula utilizada para calcular la media.
- **SUM** es una fórmula que suma un conjunto de valores.

- **COUNT** es una fórmula que cuenta el número de piezas en un rango especificado.

Así, las funciones son fórmulas predefinidas que ya existen en Excel. Ayudan a simplificar el proceso de cálculo. Hasta ahora, Excel cuenta con más de 500 funciones diferentes y cada vez se añaden más funciones con cada actualización, por ejemplo, XLOOKUP, IFS, LET y LAMBDA son sólo algunas de las nuevas.

Las funciones le ayudan a realizar cálculos complejos que sería muy difícil y llevaría mucho tiempo hacer manualmente.

Por ejemplo, cuando necesites sumar un rango de celdas, puedes utilizar la forma =A1+A2+A3+A4+A5 o simplemente puedes utilizar la función SUMA =SUMA (A1:A5).

Sumar cinco celdas no es demasiado difícil, pero cuando se tiene un rango mayor (cientos o miles de celdas), es mucho más fácil utilizar simplemente una función relativa.

En resumen, una forma es cualquier cálculo realizado en Excel, mientras que una función es un cálculo predefinido. Por ejemplo:

=A1/A2 es una fórmula normal

=MAX (A1:B20) es una fórmula que contiene una función.

La estructura de cada función es la misma. Por ejemplo, la función SUM (A1:A4) tiene un nombre, que es SUM. Hay una parte entre los corchetes (o argumentos) que indica que proporcionamos a Excel el rango entre A1:A4 como entrada.

A continuación, la función SUMA suma los valores de las celdas A1 a A4.

Recordar todas las funciones no es fácil, por lo que Excel dispone de una función Insertar para ayudarle a navegar entre las distintas funciones. Para utilizarlo, debes seguir estos pasos:

1. Haga clic en una celda para seleccionarla.
2. Haga clic en el símbolo fx, que es el botón Insertar función

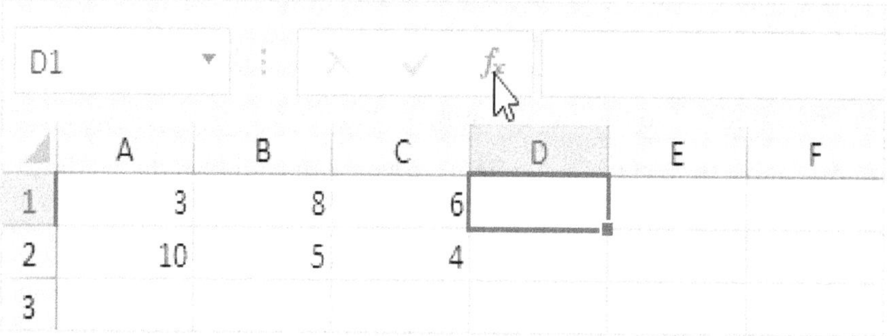

3. Excel abrirá el cuadro de diálogo Insertar función. Debe buscar una función si conoce su nombre y, a continuación, puede seleccionar la función de una categoría. Por ejemplo, la función COUNTIF, que se encuentra en la categoría Estadísticas.

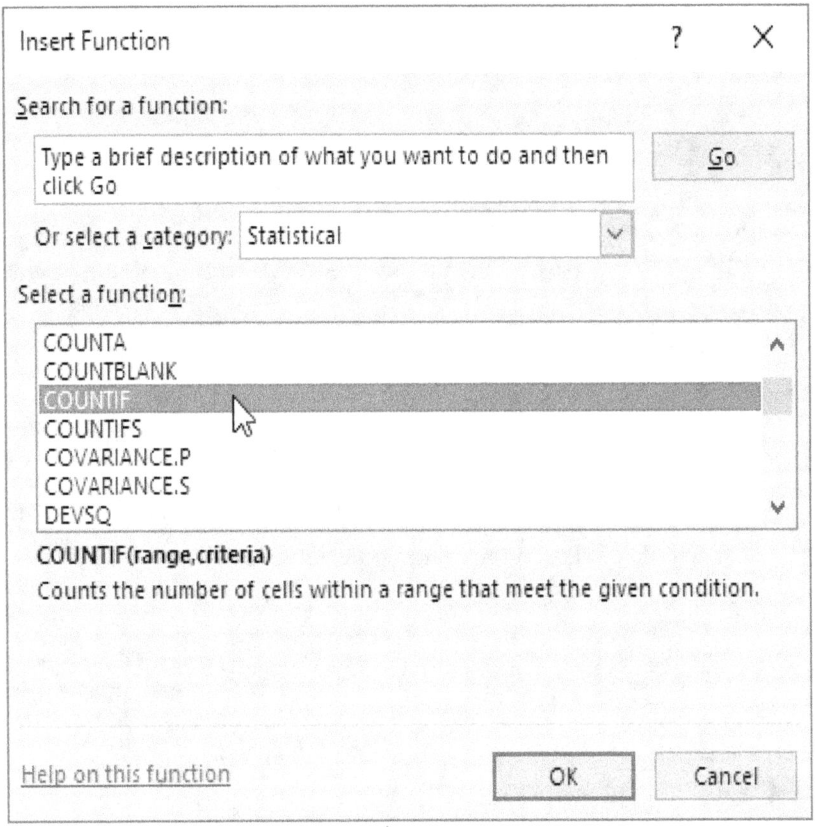

4. A continuación, haz clic en Aceptar y aparecerá el cuadro de argumentos de la función. Allí debe seleccionar el rango deseado (A1:C2) y el criterio (tipo >5). Haga clic en Aceptar.

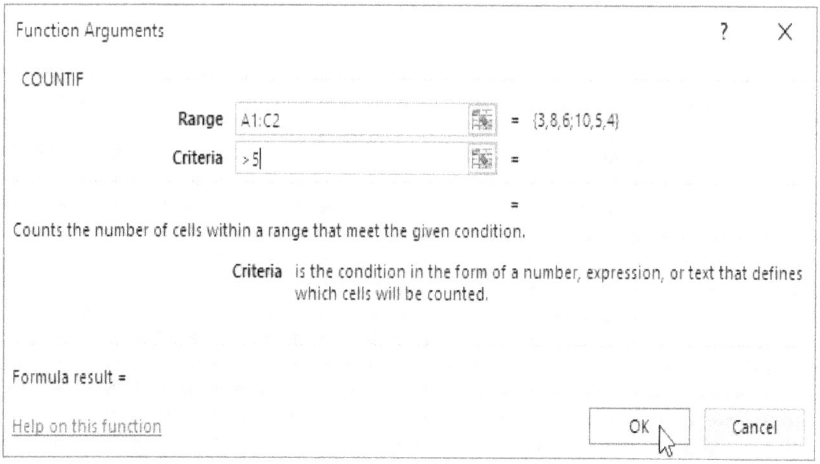

5. El resultado es que la función COUNTIF le contará el número exacto de celdas con un valor superior a 5.

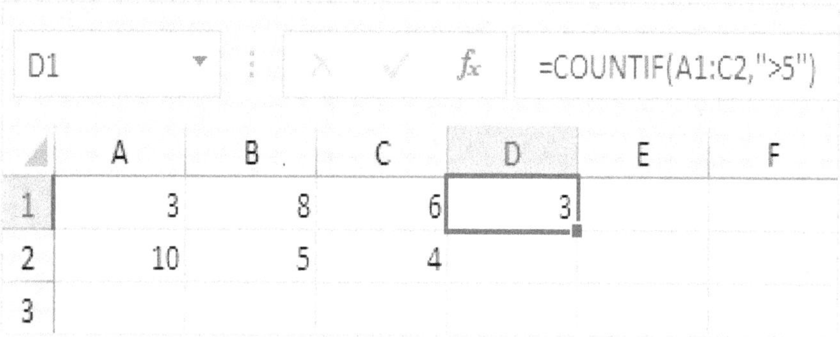

Otras funciones de MS Excel son:

- Función MIN: =MIN (E6:E12) - devuelve el valor numérico más pequeño de los datos.

- Función SUMA: =SUMA (E6:E12) - suma valores, es decir, valores individuales, referencias de celdas y rangos o los tres juntos.

- Función MAX: =MAX (E6:E12) - devuelve el mayor valor de una lista de argumentos dada.

- Función COUNT: =COUNT (E6:E12) - cuenta el número de celdas (como la función COUNIF) según determinados criterios.
- Función PROMEDIO: = PROMEDIO (E6:E12) - devuelve la media aritmética de los argumentos.
- Función DÍAS: =DÍAS (D6, C6) - devuelve el número exacto de días entre las dos fechas.
- Función DATE: =DATE (2022,2,4) - devuelve un número de serie secuencial correspondiente a una fecha determinada.
- Función VLOOKUP: =VLOOKUP (C12, A6:B10, 2, FALSE) - es una búsqueda vertical que hace que Excel busque un determinado valor en un rango vertical (columna) para devolver un valor de otra columna de la misma fila.

Imprimir

Siga las instrucciones siguientes para imprimir una hoja de cálculo en Excel.

- Seleccione Imprimir en la pestaña Archivo.
- En la parte inferior de la ventana, seleccione "Página siguiente" o "Página anterior" para obtener un ejemplo de las páginas adicionales que se imprimirán.

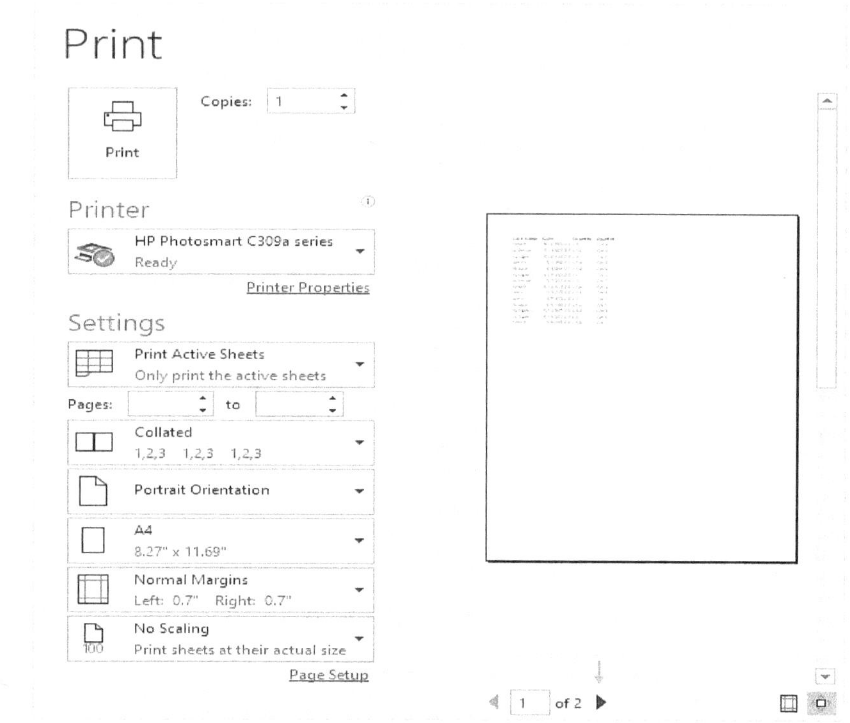

- Para imprimirlo, haga clic en el botón de impresión

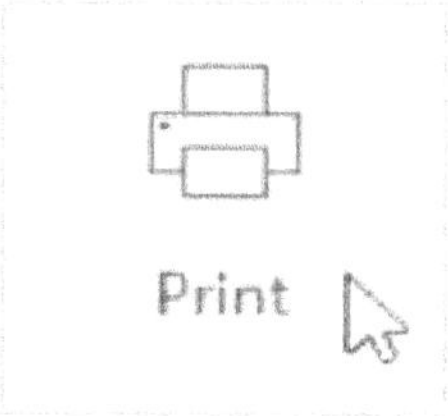

Realizando algunos cambios según sus deseos, puede modificar la configuración de la impresión, es decir, imprimir toda la hoja de cálculo o sólo la selección elegida, una sola copia o varias, la orientación horizontal o vertical de la impresión, ajustar los márgenes de la página, cambiar su tamaño, etc.

Capítulo 2: Gráficos y diagramas de MS Excel para principiantes y avanzados

1: Origen

El elemento de hoja de cálculo del programa de productividad MS Office Suites es Microsoft Excel. Excel le permite introducir datos para su empresa y luego presentarlos en gráficos y tablas para una mejor comprensión y explicación. Informes, gestores monetarios, hojas de horas, facturas y balances son sólo algunas de las posibilidades de plantillas disponibles en Excel, todas ellas basadas en la cuadrícula fundamental de las hojas de cálculo.

2: Gráficos y tablas

Un gráfico es una disposición de la información en filas y columnas en un formato visual. Los gráficos suelen utilizarse para analizar series de datos en busca de tendencias y patrones.

Supongamos que lleva un registro de los datos de ventas de los tres años anteriores en hojas de cálculo. Basta con mirar los gráficos para discernir qué año tuvo más ventas y qué periodo menos. También puede utilizar los gráficos para comparar los objetivos previstos con los resultados reales.

Las tablas y los gráficos te ayudan a dar sentido a tus datos visualizando las cifras cuantitativas de una forma fácil de entender. A pesar de que a veces los nombres se utilizan indistintamente, son distintos.

Los gráficos son la representación visual básica más sencilla de los datos y suelen mostrar los valores de los puntos de datos a lo largo del tiempo.

Los gráficos son más complicados porque permiten comparar partes de una serie de datos con otros datos de la misma serie.

Los gráficos también son visualmente más atractivos que las tablas porque a menudo tienen una forma distinta de los ejes X e Y estándar. En las presentaciones, las tablas y los gráficos suelen utilizarse para ofrecer una visión rápida de los avances o resultados a la dirección, los clientes o los miembros del equipo.

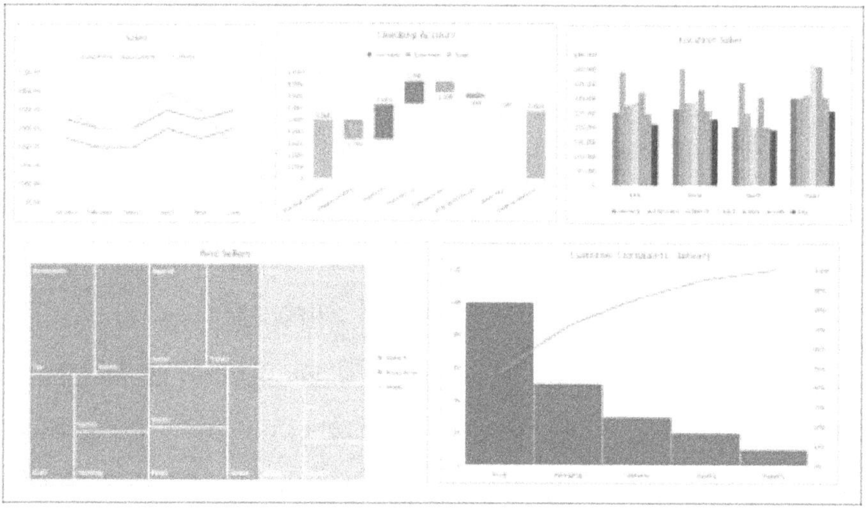

Excel facilita la construcción de tablas y gráficos, sobre todo porque puedes guardar los datos en un libro de Excel en lugar de importarlos de otra herramienta. Excel también viene con una serie de tipos de tablas y gráficos prefabricados entre los que puedes elegir el que mejor ilustre la naturaleza de los datos del informe que deseas destacar.

2: Tipos de gráficos y diagramas

Para ver qué tipos de gráficos puede realizar el programa, vaya a la pestaña "Insertar" y luego al botón "Gráficos" de la cinta.

Un gráfico circular, por ejemplo, puede tener forma bidimensional, tridimensional o de rosquilla, además de muchos otros diseños, y la mayoría de los gráficos ofrecen múltiples diseños y opciones de formato. El tipo de gráfico Excel que elijas puede venir determinado por una serie de variables, entre ellas la cantidad de datos de que dispongas, ya que algunos gráficos requieren más información que otros. Un gráfico de barras, por ejemplo, puede hacerse utilizando sólo dos conjuntos de datos, mientras que un gráfico de dispersión puede ser más adecuado para tres o más conjuntos de datos.

Excel dispone de una enorme biblioteca de tablas y gráficos que te ayudarán a mostrar tus datos gráficamente. Aunque numerosos estilos de gráficos pueden "funcionar" para un conjunto de datos concreto, es fundamental elegir el que mejor se adapte a la narrativa que se quiere expresar con los datos.

Por supuesto, puedes añadir componentes gráficos a un gráfico para representarlo y modificarlo. Existen cinco tipos principales de gráficos y tablas en Excel:

Gráficos de barras: la diferencia fundamental entre un gráfico de barras y un gráfico de columnas es que las barras de un gráfico de barras son horizontales en lugar de verticales.

Aunque los gráficos de barras y de columnas pueden utilizarse a menudo de la misma forma, algunas personas prefieren los gráficos de columnas cuando se trata de valores negativos, ya que es más fácil percibir los negativos verticalmente en un eje y.

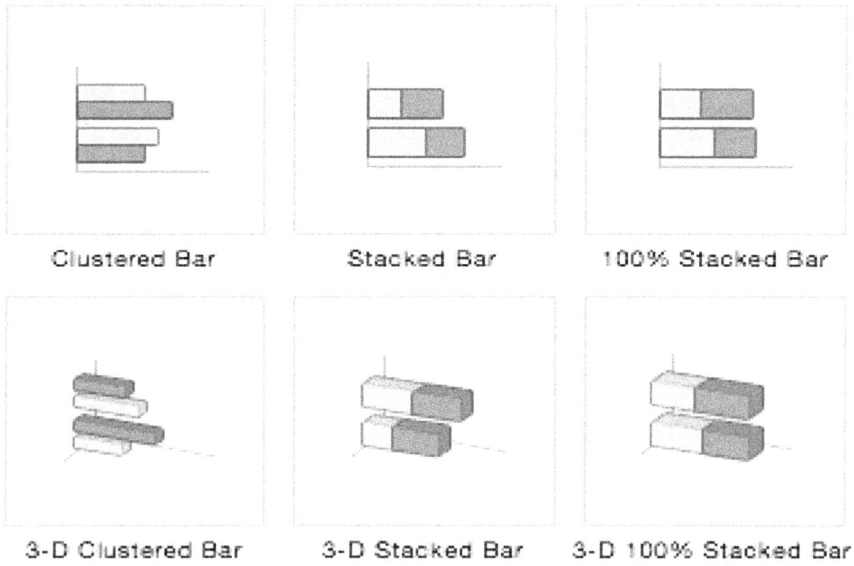

Gráficos de columnas: los gráficos de columnas, por ejemplo, son ideales para comparar datos o si ya dispone de varios ejemplos de una misma variable. Agrupado, apilado, 100% apilado, 3D 100% apilado, 3D 100% apilado y 3D agrupado son los siete formatos de gráfico de columnas disponibles en Excel.

Elige la visualización que mejor cuente la historia de tus datos.

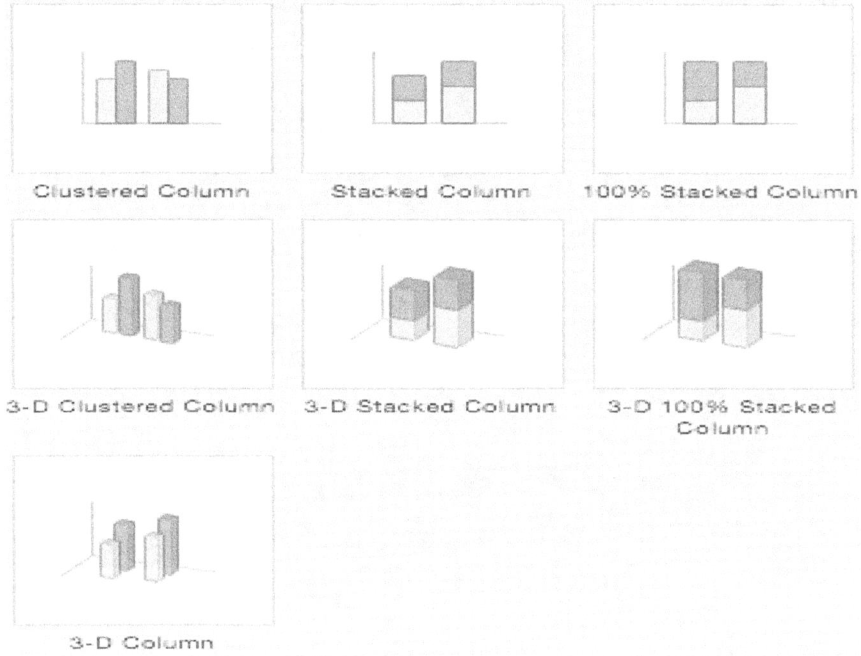

Gráficos circulares: para evaluar partes de un todo (la suma de los números de los datos), utilice los gráficos circulares.

Cada función se calcula como una porción de tarta, lo que permite ver las proporciones. Hay cinco variedades de gráficos de tartas: tarta, corteza de tarta (que divide una tarta en dos para mostrar las proporciones de las subpartes), barras de tarta, tarta tridimensional y donut.

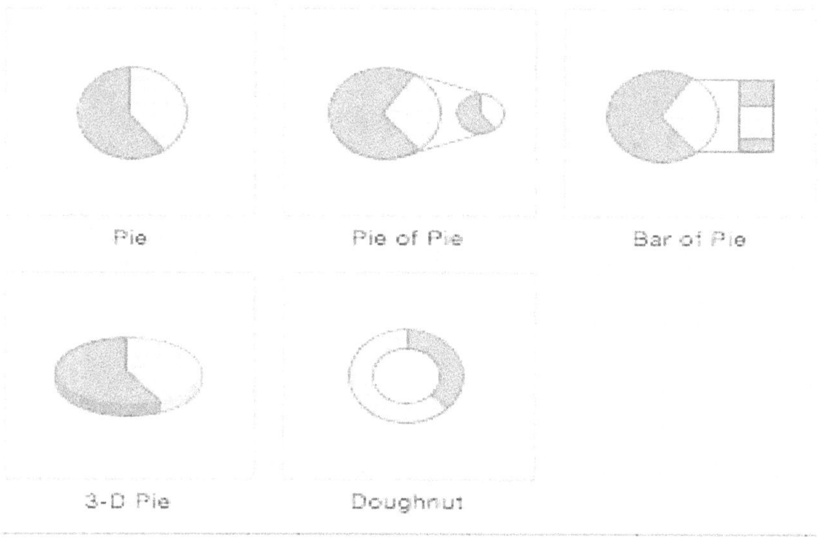

Gráficos de dispersión:

Los gráficos de dispersión se utilizan para demostrar cómo influye una variable en otra. Son similares a los gráficos lineales en el sentido de que sirven para visualizar los cambios en las variables. Los gráficos de burbujas, que son una forma común de gráfico, se clasifican como de dispersión.

Dispersión, dispersión con líneas suaves, dispersión con líneas suaves y marcadores, dispersión con líneas rectas y marcadores, burbuja, dispersión con líneas rectas y burbuja 3D son las siete posibilidades del gráfico de dispersión.

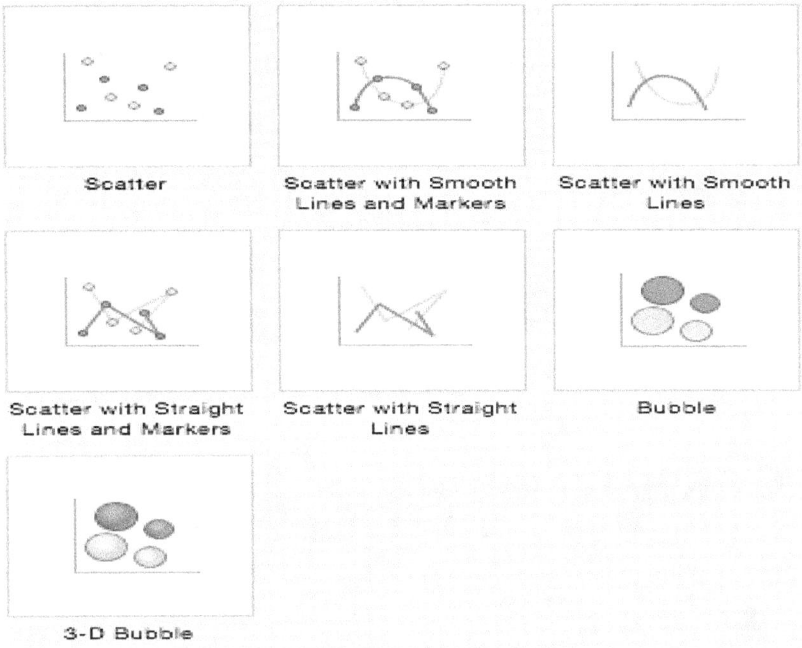

Gráficos lineales: En lugar de puntos de datos estáticos, un gráfico lineal es mejor para representar patrones a lo largo del tiempo.

Las líneas conectan cada punto de datos, lo que permite observar cómo han aumentado o disminuido los valores a lo largo del tiempo.

Línea, línea apilada, línea 100% apilada, línea apilada con marcadores, líneas con marcadores, líneas 100% apiladas y línea 3D son las 7 posibilidades del gráfico de líneas.

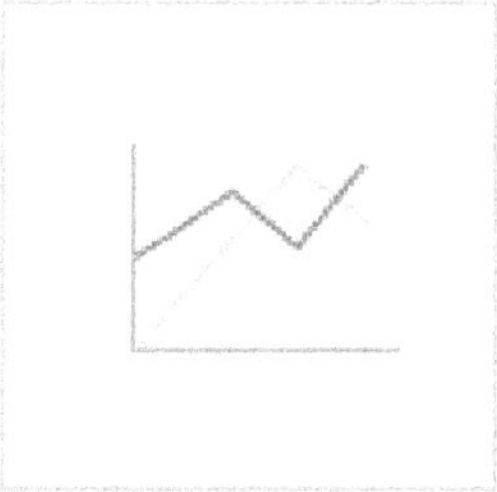

Line

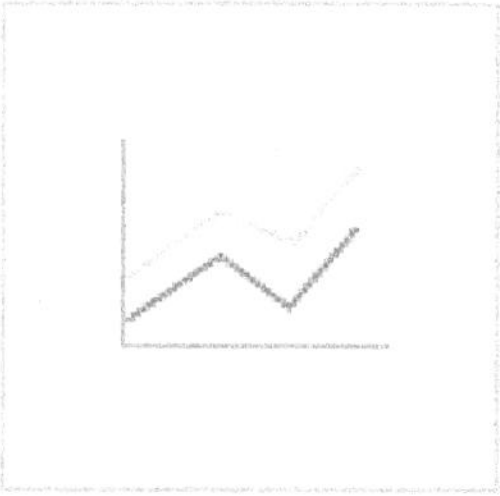

Stacked Line

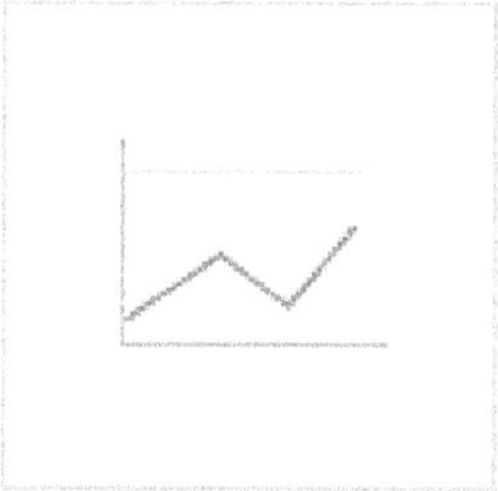

100% Stacked Line

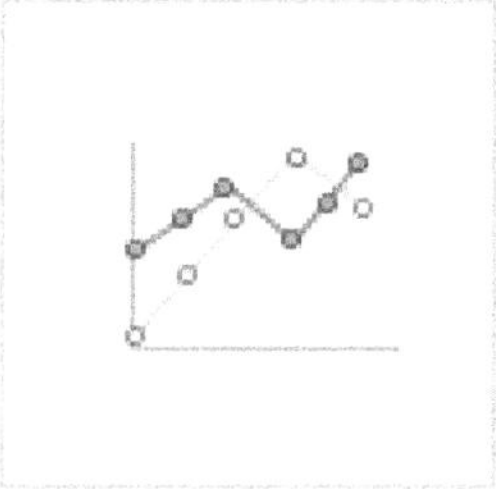

Line with Markers

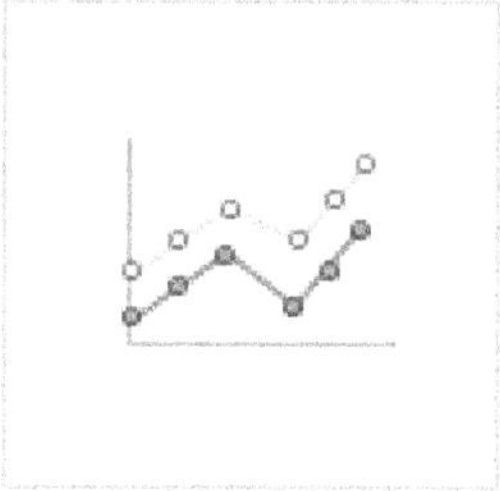

Stacked Line with Markers

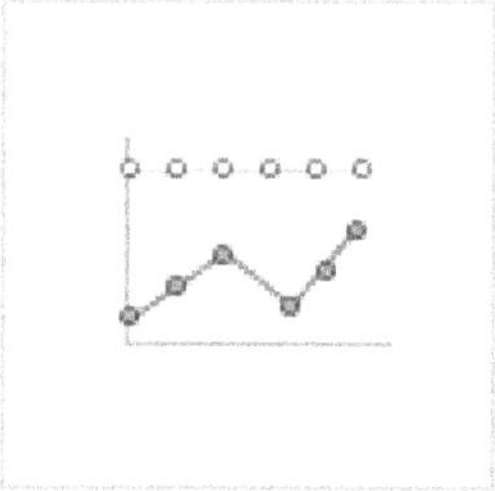

100% Stacked Line with Markers

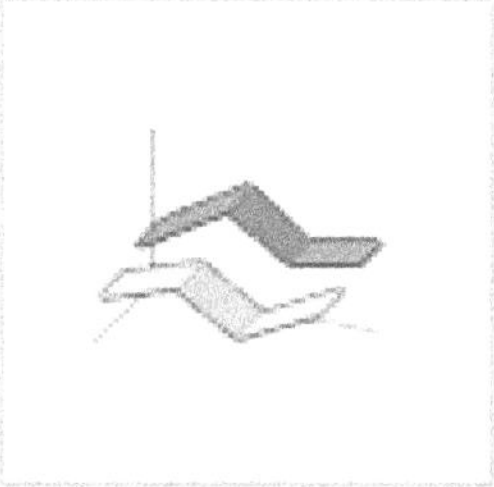

3-D Line

Hay otros gráficos que también son útiles.

Stock: Este tipo de gráfico suele utilizarse en la investigación financiera y por los inversores para representar la subida, la bajada y el precio de cierre de una acción.

Sin embargo, si desea mostrar el espectro de un número (o el límite de su valor esperado) y su valor exacto, puede utilizarlos de todos modos. Elija entre diferentes gráficos bursátiles como alto-bajo-cierre, volumen-alto-bajo-cierre, apertura-alto-bajo-cierre y volumen-abierto-alto-bajo-cierre.

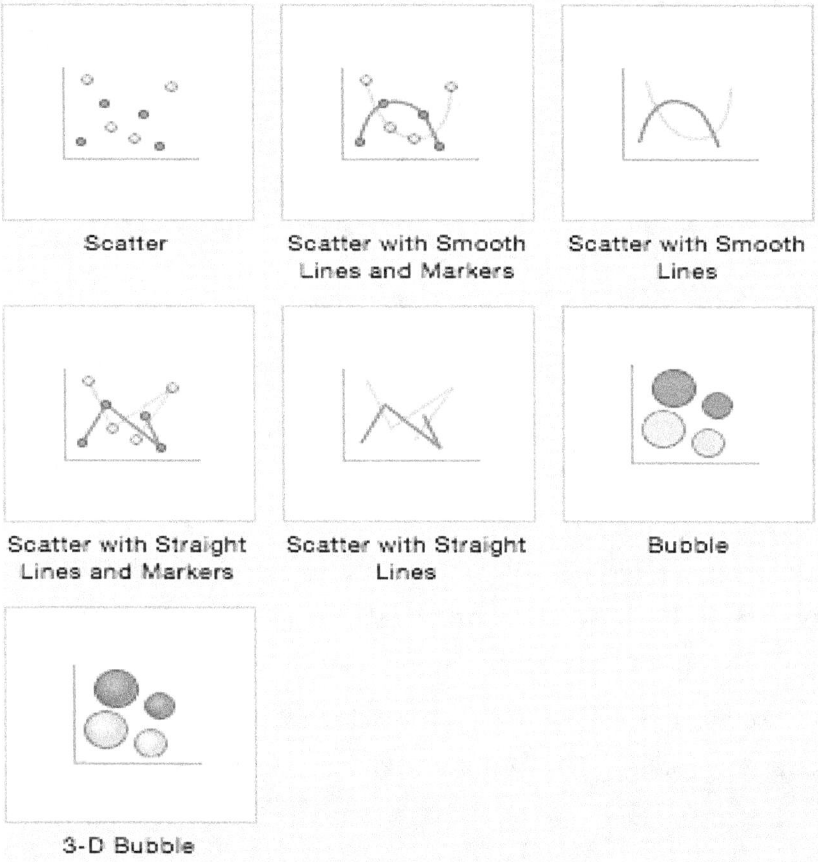

Área: Los gráficos de área, al igual que los gráficos lineales, representan cambios en los números a lo largo del tiempo.

Los gráficos de regiones, por el contrario, son buenos para mostrar cambios entre numerosas variables, ya que el área bajo cada línea es sólida. Área apilada, área 3D, área apilada al 100%, área, área apilada 3D y área apilada 3D al 100% son los seis tipos de gráficos de área.

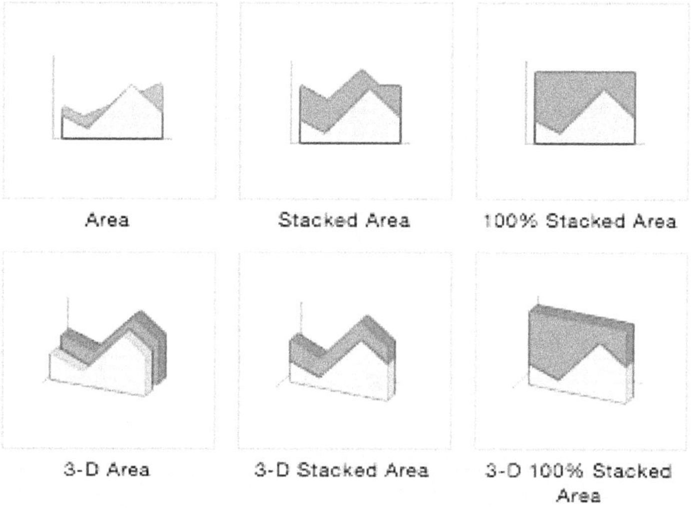

Radar: un gráfico de radar es útil para visualizar los datos de numerosos factores en relación unos con otros. El punto central es el punto de partida de todas las variables. La clave para utilizar los gráficos de radar es comparar todos los factores individuales en relación con los demás; a menudo se utilizan para comparar los puntos fuertes y débiles de diversos activos o personal. Radar, radar marcado y radar relleno son las tres formas de cartas radar.

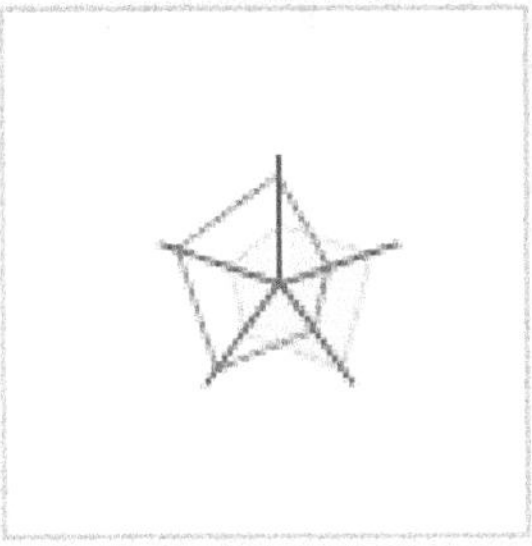

Radar

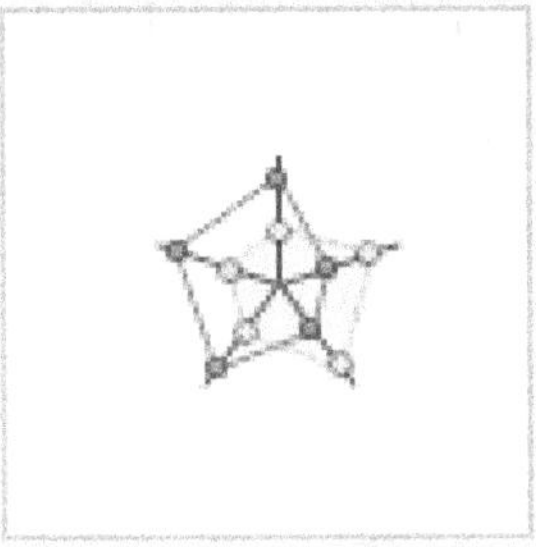

Radar with Markers

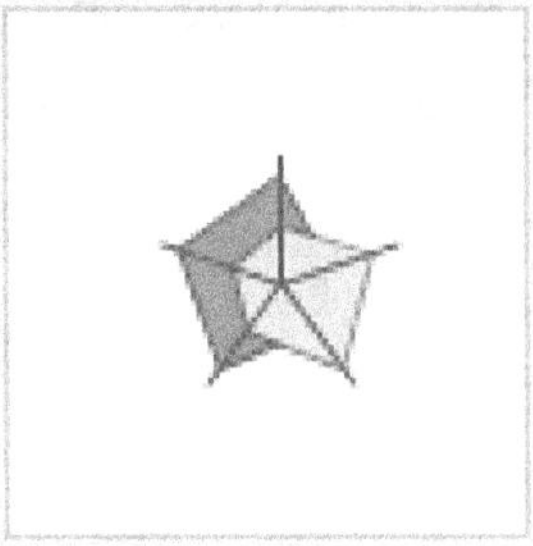

Filled Radar

Superficie: Para representar datos en un paisaje tridimensional, utilice un gráfico de superficie. Los conjuntos de datos grandes, los conjuntos de datos con más de 2 variables y los conjuntos de datos con categorías dentro de una única variable se benefician del plano adicional. Por otro lado, los gráficos de superficie pueden ser difíciles de interpretar, así que asegúrese de que sus lectores se sienten cómodos con ellos. Las opciones son superficie 3D, superficie 3D sin marco, contornos y contornos de alambre.

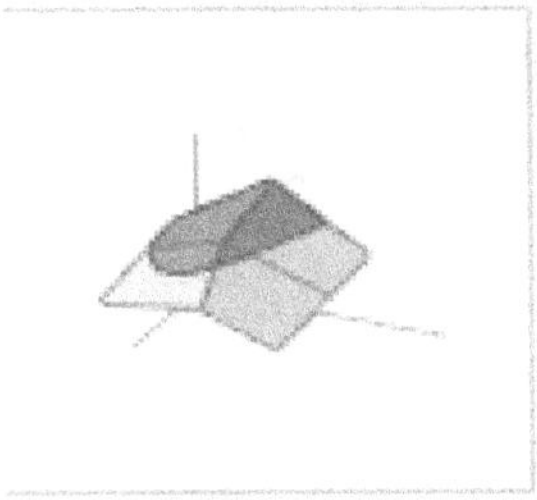

3-D Surface

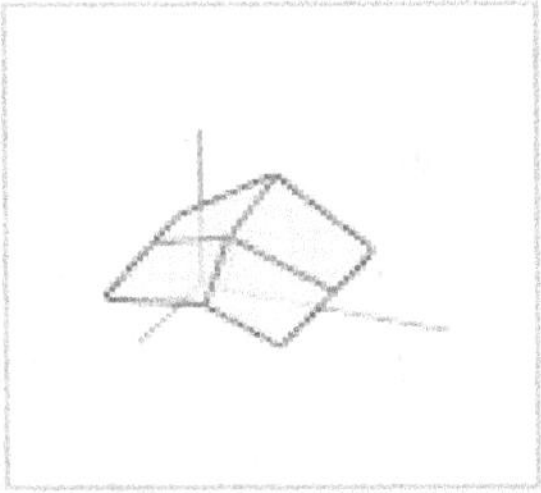

Wireframe 3-D Surface

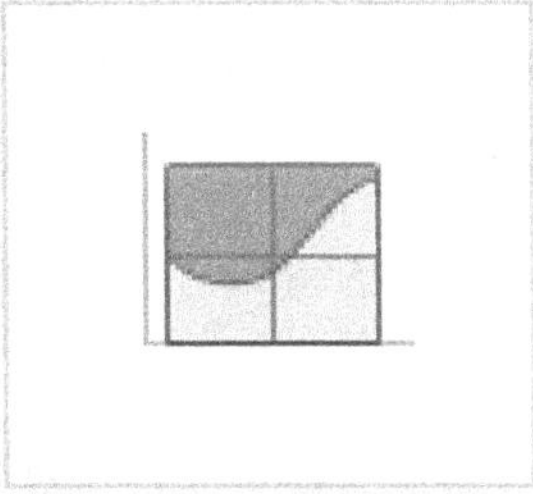

Contour

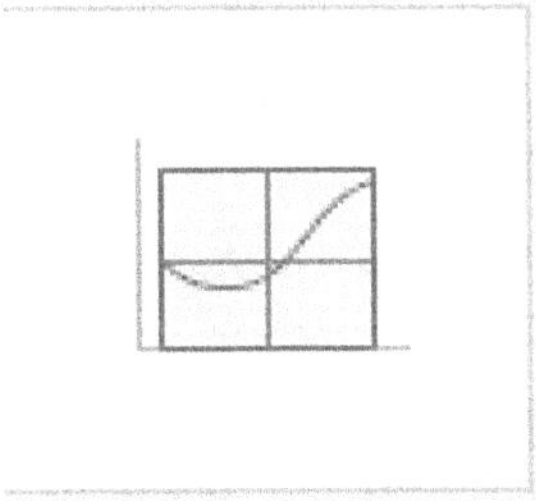

Wireframe Contour

Gráficos de columnas: para comparar datos de varias categorías. Los números están dispuestos verticalmente.

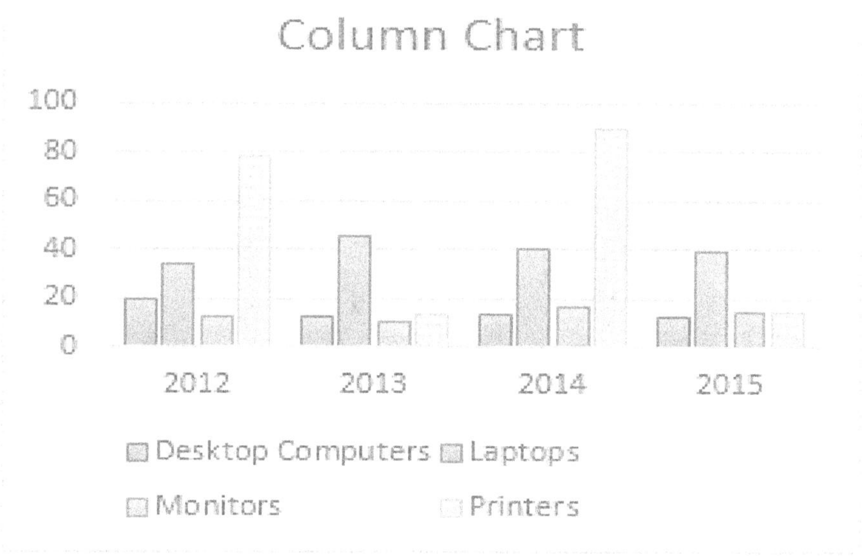

3: Importancia de los gráficos

Los administradores de hojas de cálculo pueden utilizar los gráficos de Excel para construir visualizaciones de datos. Los usuarios pueden construir diferentes tipos de gráficos en los que los datos se muestran gráficamente resaltando un grupo de datos en una hoja de cálculo e introduciéndolos en la herramienta de gráficos.

Los gráficos de Excel, ideales para su uso en administración de empresas o presentaciones, pueden ayudar a comprender y comunicar la recopilación de datos.

Un gráfico, en lugar de una tabla con filas de números, puede ofrecer una mejor imagen de un conjunto de valores de datos, lo que permite a los gestores aplicar esta perspectiva en el análisis y la planificación futura.

Las ventajas de las tablas y los gráficos también se aprecian en las presentaciones, donde se utilizan para demostrar rápidamente modelos de datos a otras personas (a terceros).

Dado que es más fácil observar tendencias y patrones en gráficos y tablas que escudriñar una larga tabla de datos, sobre todo en el caso de grandes conjuntos de datos, una de las aplicaciones más populares de las herramientas gráficas es simplemente comprender lo que implica un nuevo conjunto de datos. He aquí las principales ventajas de los gráficos:

- Permite visualizar los datos.
- Utilizando gráficos en Excel, es fácil evaluar tendencias y patrones.
- A diferencia de los datos fríos introducidos en celdas, es fácil de entender.

4: Ejemplo de creación de gráficos

En Excel, haremos un gráfico de columnas básico que muestre las cantidades vendidas frente al año de venta.

Los pasos para hacer un gráfico en Excel son los siguientes:

- Se abre una nueva hoja Excel. Rellene los datos de la imagen siguiente.
- Este es el aspecto que debe tener su hoja de cálculo.

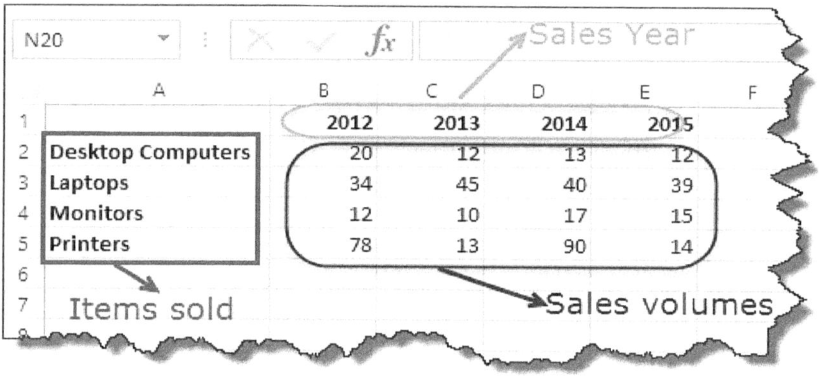

Para obtener el gráfico deseado deben seguirse los siguientes procedimientos.

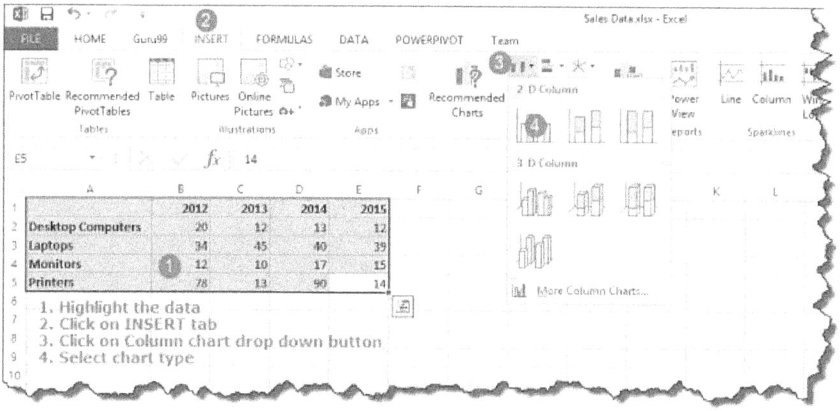

- Elige la información que quieres representar en un gráfico.
- En la cinta de opciones, seleccione la pestaña INSERTAR.
- Seleccione Gráfico de columnas en el menú desplegable.
- Elija el diagrama que desea utilizar.

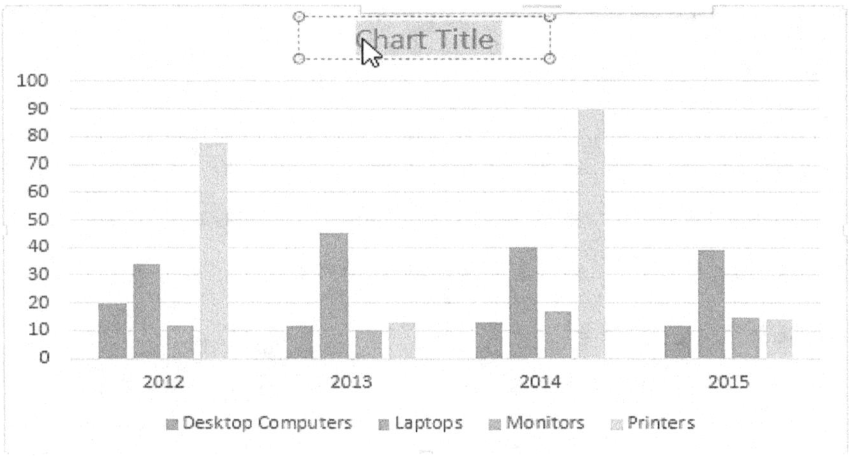

Siguiendo estos pasos, puedes crear un gráfico a tu gusto.

5: Ejemplo de creación de un gráfico

A pesar de que los gráficos son dos cosas diferentes, Excel clasifica todos los gráficos en los tipos de gráficos especificados en las secciones anteriores. Siga las instrucciones siguientes y elija el tipo de gráfico adecuado.

Selección de la gama

- Desplazando el ratón sobre las celdas que contienen los datos que desea utilizar en el gráfico, puede resaltarlas.
- La zona de la célula en gris se iluminará ahora.

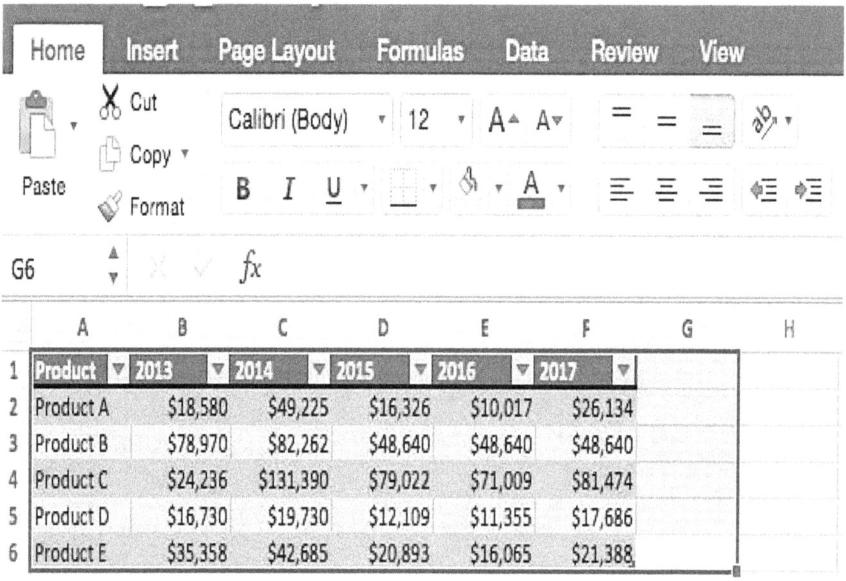

Product	2013	2014	2015	2016	2017
Product A	$18,580	$49,225	$16,326	$10,017	$26,134
Product B	$78,970	$82,262	$48,640	$48,640	$48,640
Product C	$24,236	$131,390	$79,022	$71,009	$81,474
Product D	$16,730	$19,730	$12,109	$11,355	$17,686
Product E	$35,358	$42,685	$20,893	$16,065	$21,388

En la barra de herramientas, seleccione Gráficos recomendados en la pestaña Insertar. A continuación, elija el tipo de gráfico que desea utilizar.

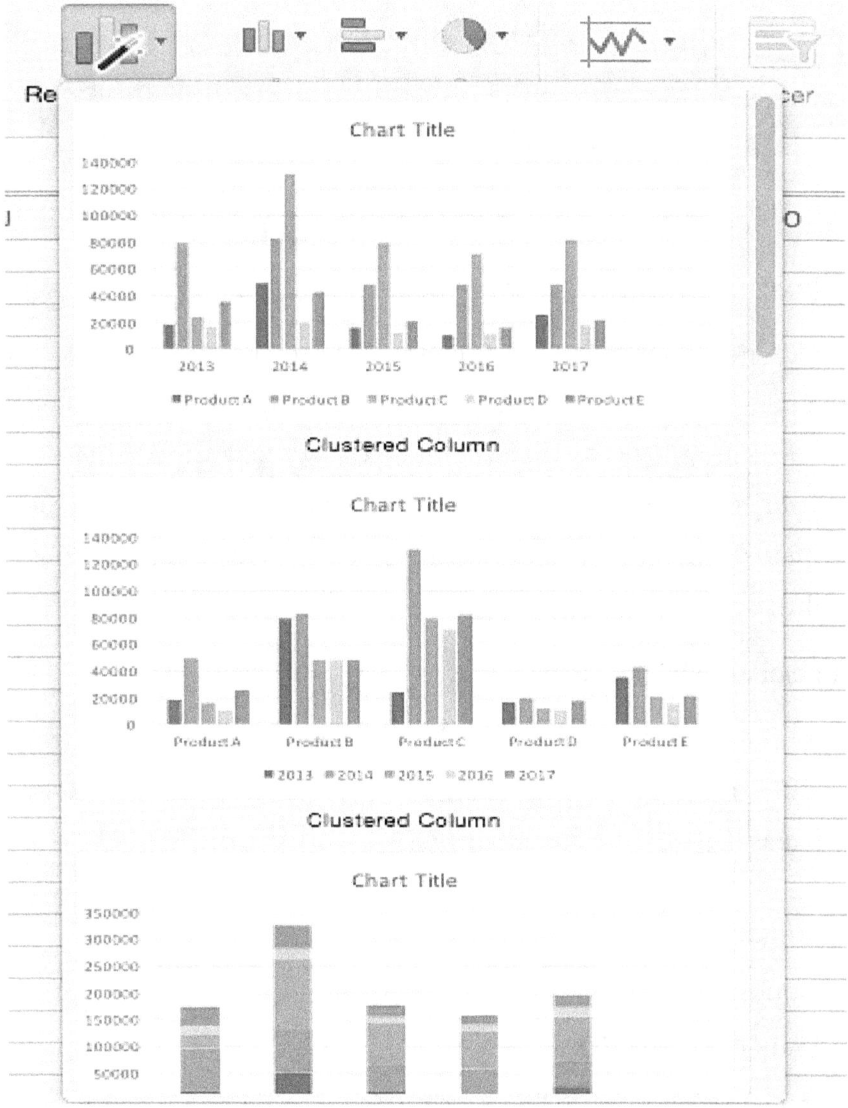

Para personalizar su gráfico, repita los métodos descritos en la sección anterior. Al construir un gráfico, todas las funciones para producirlo siguen siendo las mismas.

Capítulo 3:

Breve explicación de las funciones y fórmulas avanzadas de MS Excel

MS Excel dispone de más de 500 fórmulas y funciones. Como hemos mencionado anteriormente, una función de Excel es una fórmula preprogramada que ayuda a realizar tareas matemáticas, estadísticas y lógicas. Una vez que conozca el método que desea utilizar, simplemente escriba un signo igual (=) dentro de la celda, seguido del nombre de la función y los rangos de celdas a los que se aplica.

Funciones más utilizadas

A continuación se muestra una lista de las funciones más utilizadas de MS Excel y cada función se explica más adelante en este capítulo con más detalle :

- Función IF;
- Autosuma;
- Función LOOKUP;
- Función HLOOKUP;
- Función VLOOKUP;
- Función MATCH;
- Función FECHA;
- Elige la función;
- Días de función;

- Función INDEX;
- Funciones FIND y FINDB;

1: Explicaciones de funciones y fórmulas

IF

La sentencia IF en Excel evalúa una condición y devuelve un número para un resultado TRUE y otro número para un resultado FALSE. Por ejemplo, si las ventas totales son superiores a 5.000 $, seleccione "Sí" para la bonificación; de lo contrario, seleccione "No" para la bonificación. Podemos utilizar las funciones IF para evaluar una sola función o varias operaciones IF en una fórmula dada.

Con esta función se pueden evaluar textos, números e incluso errores. No se trata sólo de comparar dos cosas y ofrecer un único resultado. En función de nuestras necesidades, también podemos emplear operadores matemáticos y realizar cálculos adicionales. Para realizar muchas comparaciones, podemos superponer varias funciones IF.

Fórmula IF =IF (prueba_lógica, valor_si_falso, valor_si_verdadero)

prueba lógica: La circunstancia que debe comprobarse y evaluarse como TRUE o FALSE se especifica mediante la prueba lógica (parámetro obligatorio).

Valor falso: Si la prueba lógica responde FALSE, se devuelve el valor si es falso (parámetro opcional).

Valor verdadero: Si la expresión de prueba lógica es True, se devuelve el valor si es verdadero (parámetro opcional).

Por ejemplo: Digamos que queremos comprobar una celda y asegurarnos de que, si no está vacía, ocurre algo. Nos dan la siguiente información:

	A	B	C	D	E
1					
2		IF Function			
3					
4		**AGM Preparation list**	**Status**	**Remarks**	
5		Directors report to be finalised and sent for review	Closed	01/01/18	
6		Finalize Annual report	Open		
7		AGM Notice	Closed	01/15/18	
8		Prepare attendance register	Open		
9		Ready the documents needed	Open		
10		Follow up with Auditors	Open		
11					

En la columna A de la hoja de cálculo anterior hemos incluido las tareas relacionadas con la JGA. La fecha de finalización se incluye en los comentarios. Utilizaremos una fórmula en la columna B para ver si las celdas de la columna C están vacías o no.

El método establecerá el estado de una celda en "abierta" si está vacía. Sin embargo, si una celda incluye una fecha, la fórmula establecerá el estado de la celda en "cerrado". La fórmula es la siguiente:

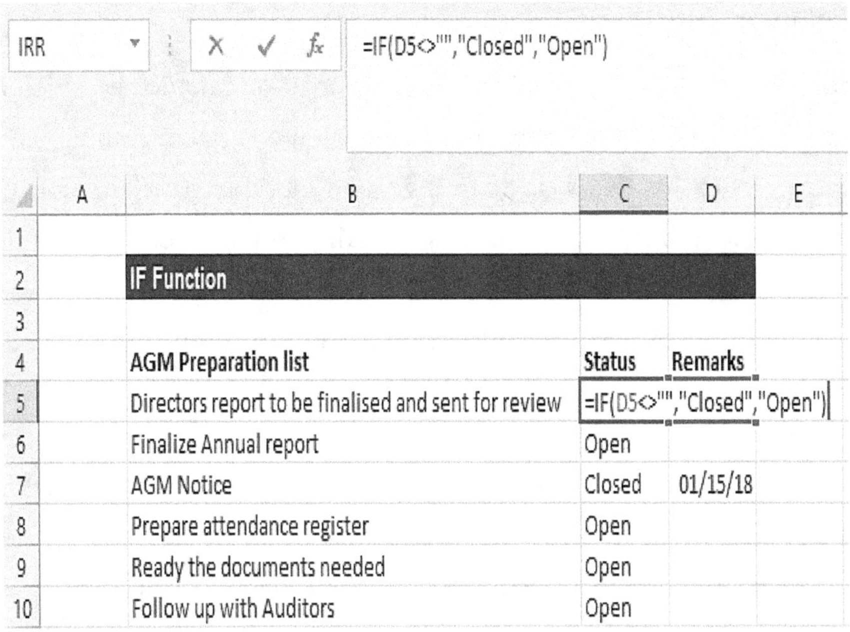

IRR
=IF(D5<>"","Closed","Open")
IF Function
AGM Preparation list
Status
Remarks
Directors report to be finalised and sent for review
=IF(D5<>"","Closed","Open")
Finalize Annual report
Open
AGM Notice
Closed
01/15/18
Prepare attendance register
Open
Ready the documents needed
Open
Follow up with Auditors
Open

Conseguiremos este resultado:

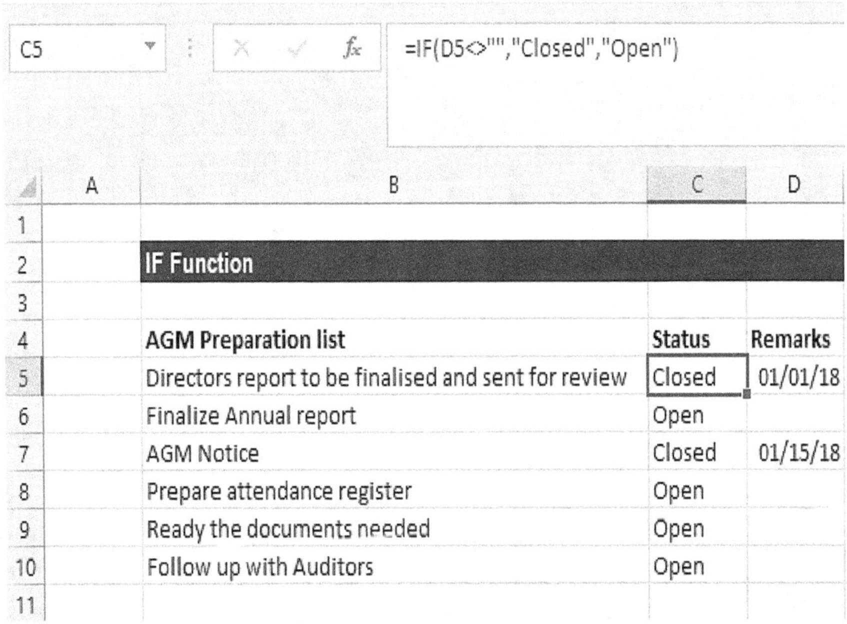

Autosum

Poniendo ALT + el símbolo = en una hoja de cálculo, la función Autosuma Xls construirá automáticamente una fórmula para sumar todos los datos de un rango considerable. Esta función es una excelente forma de agilizar sus análisis financieros. Te permite sumar rápidamente una serie de números en vertical y en horizontal sin tener que utilizar el ordenador ni siquiera las flechas del teclado.

- Sitúe el cursor bajo la columna de números que desea añadir.
- Mientras mantiene pulsada la tecla Alt, pulse el símbolo = igual.
- Pulse la tecla Intro.

Ejemplo:

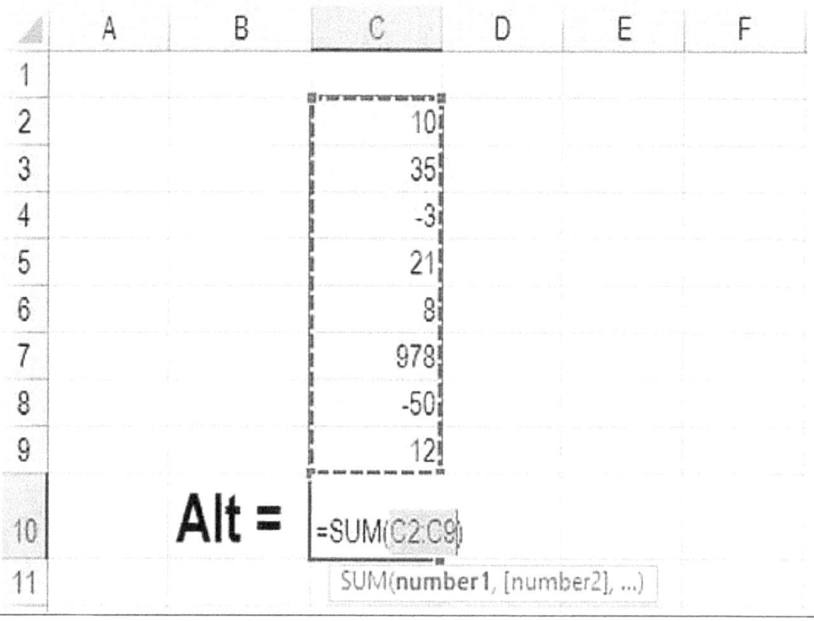

BUSCAR

La función **LOOKUP** pertenece a la categoría de funciones de búsqueda y referencia de Excel. La función LOOKUP de MS Excel recupera el valor comparable de un rango determinado (una fila o columna) o de una matriz. Debido a su naturaleza predeterminada, LOOKUP puede utilizarse para resolver diversas dificultades de Excel.

Si queremos comparar 2 filas o columnas al realizar un análisis financiero, podemos utilizar la función LOOKUP. Está diseñado para manejar los escenarios de búsqueda vertical y horizontal más básicos.

Ejemplo

Supongamos que trabajamos en el sector de los préstamos y aplicamos distintos tipos de interés en función de la cantidad prestada. Se nos facilita la siguiente información:

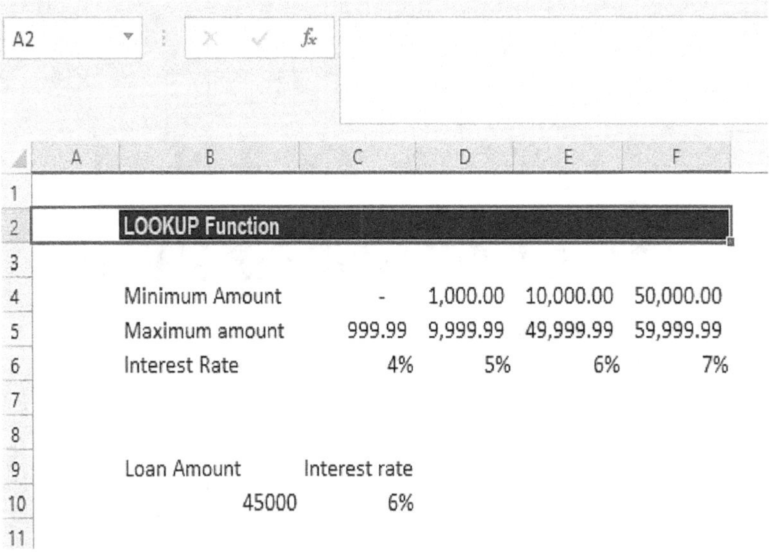

	A	B	C	D	E	F
1						
2		LOOKUP Function				
3						
4		Minimum Amount	-	1,000.00	10,000.00	50,000.00
5		Maximum amount	999.99	9,999.99	49,999.99	59,999.99
6		Interest Rate	4%	5%	6%	7%
7						
8						
9		Loan Amount	Interest rate			
10		45000	6%			
11						

Fórmula a utilizar

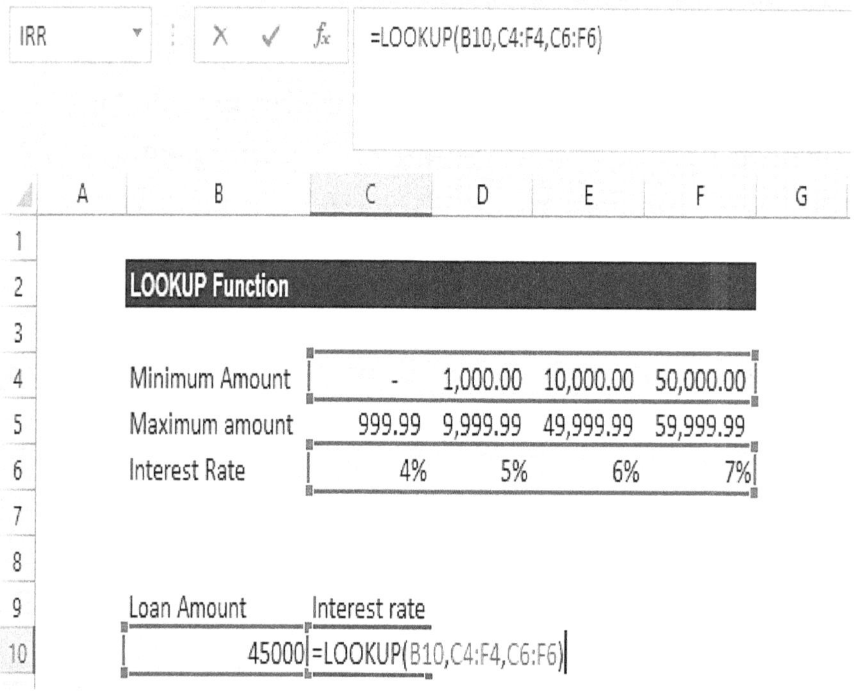

Tras introducir la fórmula, obtenemos lo siguiente:

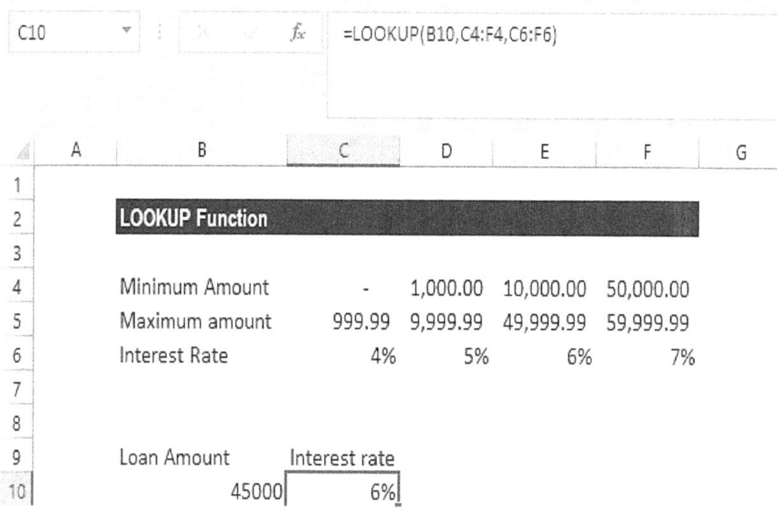

ENGANCHE

HLOOKUP significa Consulta Horizontal, y puede utilizarse para obtener datos de una base de datos escaneando una fila en busca de datos coincidentes e imprimiendo a continuación los resultados de la columna correspondiente. HLOOKUP busca un valor en una fila, mientras que VLOOKUP busca un valor en una columna.

Fórmula: **=HLOOKUP(valor a buscar, área de la tabla, número de fila)**

Ejemplo

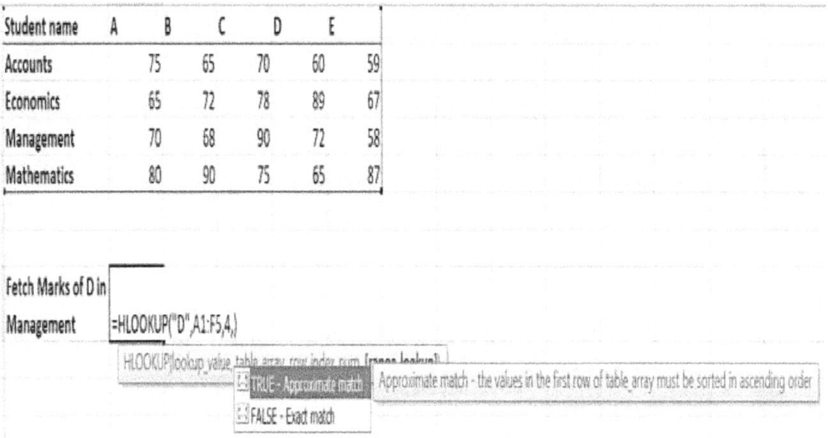

Student name	A	B	C	D	E
Accounts	75	65	70	60	59
Economics	65	72	78	89	67
Management	70	68	90	72	58
Mathematics	80	90	75	65	87

VLOOKUP

VLOOKUP excel permite buscar una determinada parte de una tabla o conjunto de datos de una base de datos y extraer los datos/información pertinentes. La función VLOOKUP le dice a Excel que "busque este conjunto de información (por ejemplo, plátanos) en esta colección de datos (una tabla) y considere alguna información asociada sobre ese momento (por ejemplo, el coste de los plátanos) en palabras sencillas".

Fórmula =VLOOKUP(valor_consulta, matriz_tabla, número_índice_col, [rango_consulta])

Ejemplo

El primer paso para utilizar eficazmente la función VLOOKUP es asegurarse de que los datos están bien organizados y son adecuados para ella.

Como VLOOKUP funciona de izquierda a derecha, tienes que asegurarte de que los datos que quieres intentar buscar están a la izquierda de los datos que quieres extraer.

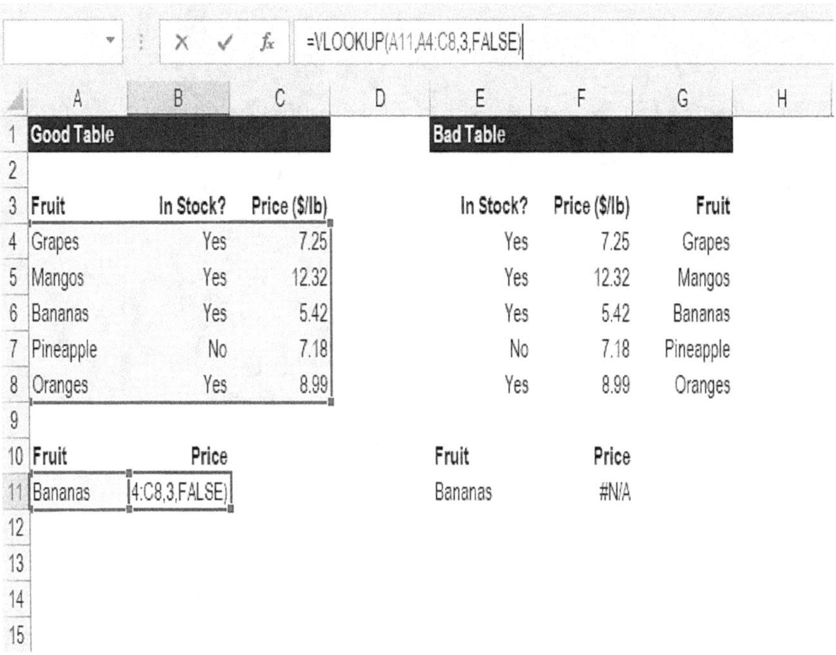

=VLOOKUP(A11,A4:C8,3,FALSE)

	A	B	C	D	E	F	G	H
1	Good Table				Bad Table			
2								
3	Fruit	In Stock?	Price ($/lb)		In Stock?	Price ($/lb)	Fruit	
4	Grapes	Yes	7.25		Yes	7.25	Grapes	
5	Mangos	Yes	12.32		Yes	12.32	Mangos	
6	Bananas	Yes	5.42		Yes	5.42	Bananas	
7	Pineapple	No	7.18		No	7.18	Pineapple	
8	Oranges	Yes	8.99		Yes	8.99	Oranges	
9								
10	Fruit	Price			Fruit	Price		
11	Bananas	4:C8,3,FALSE)			Bananas	#N/A		
12								
13								
14								
15								

Como los plátanos están en la columna de la izquierda en el ejemplo VLOOKUP anterior, la "tabla buena" puede simplemente ejecutar la función para buscar "plátanos" y devolver su precio.

Parece que hay una advertencia de error en el ejemplo de "tabla incorrecta" porque las columnas no están en el orden correcto.

Se le dice a Excel lo que tiene que buscar.

Para empezar, escriba la fórmula '=VLOOKUP' y, a continuación, elija la columna que contiene los datos que desea buscar. En este caso es la celda que dice "Bananas".

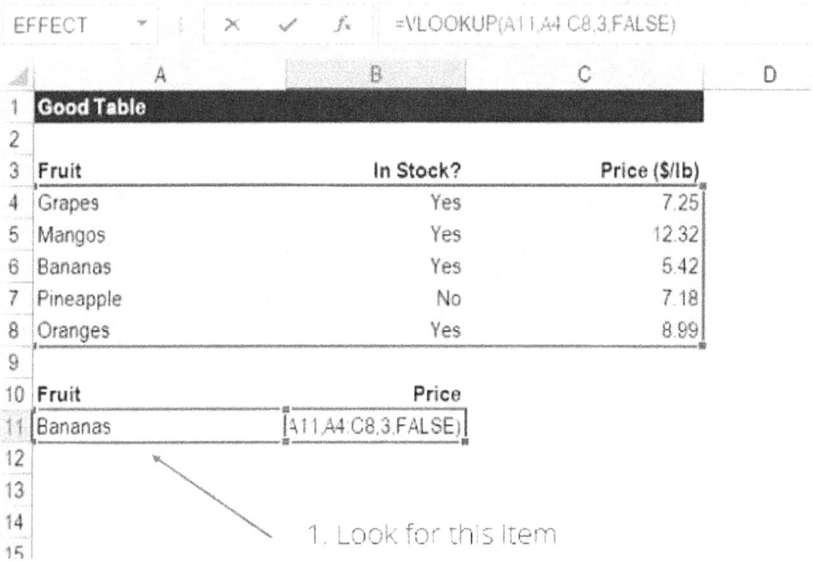

Elegimos la tabla que contiene los datos e indicamos a Excel que busque la información que especificamos en el paso anterior en la columna situada más a la izquierda.

En este ejemplo, hemos resaltado toda la columna, desde la columna A hasta la columna C. Excel buscará entonces en la columna A los datos que le hemos pedido que busque.

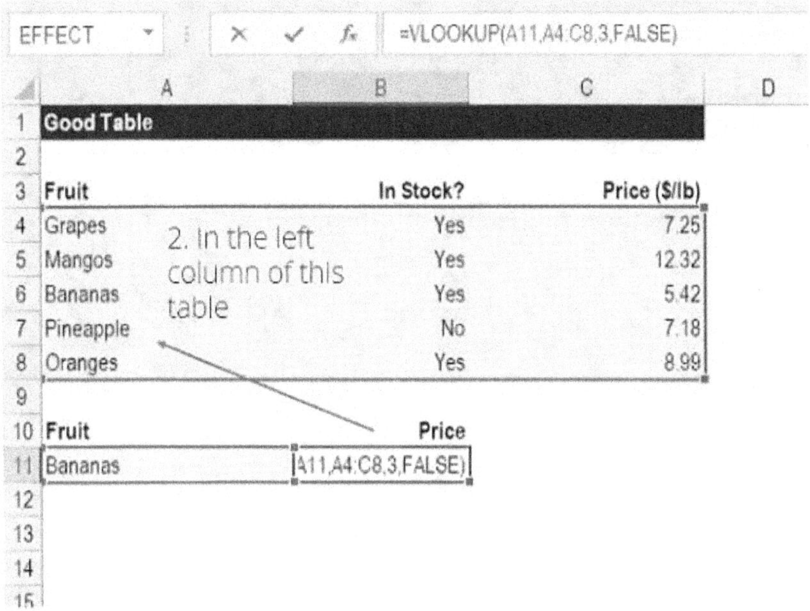

Debemos informar a Excel de qué columna contiene los datos que queremos que muestre el VLOOKUP.

Excel necesitará un número que corresponda al número de columna de la tabla.

Como en nuestro ejemplo la salida está en la tercera columna de la tabla, utilizamos el número "3" en el cálculo.

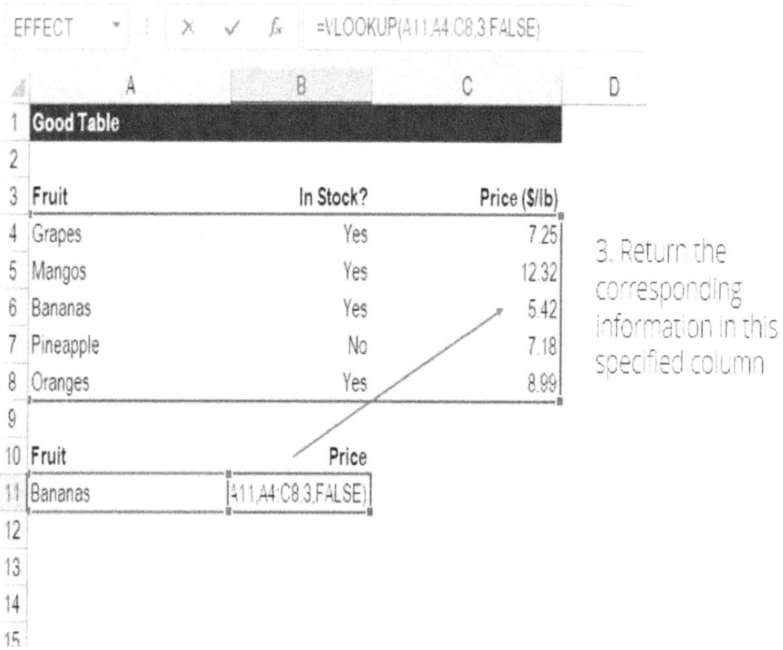

Introduciendo "Verdadero" o "Falso" en la fórmula, puede informar a Excel de si busca una coincidencia absoluta o aproximada. Queremos una coincidencia excelente ("Bananas") en nuestra instancia VLOOKUP, así que introducimos "FALSE" en la fórmula. Podríamos obtener una coincidencia aproximada si proporcionáramos "TRUE" como parámetro en su lugar.

Cuando se busca un dígito preciso que no se puede encontrar en las tablas, por ejemplo, el número 2,9585, sería útil una coincidencia estimada.

Excel buscará el número que más se aproxime a 2,9585 en esta situación, aunque ese número no esté en el conjunto de datos. Esto ayudará a evitar errores en la fórmula VLOOKUP.

MATCH

La función MATCH pertenece a la categoría de funciones de búsqueda y referencia de Excel. Busca un valor en una matriz y devuelve la posición del elemento dentro de la matriz.

Si queremos hacer coincidir el número 5 en la región A1:A4, que incluye los números 1,5,3,8, la función devuelve 2, ya que 5 es la segunda pieza del rango.

Fórmula =MATCH(valor_consulta, matriz_consulta, [tipo_coincidencia])

Ejemplos

Datos ordenados

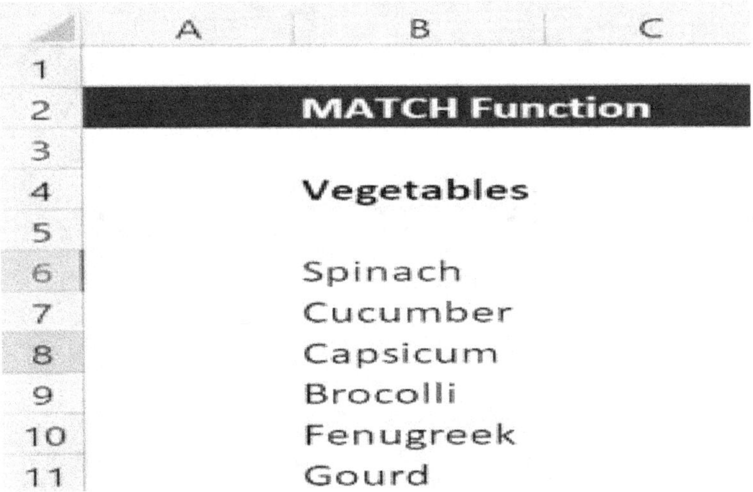

Introduzca la fórmula

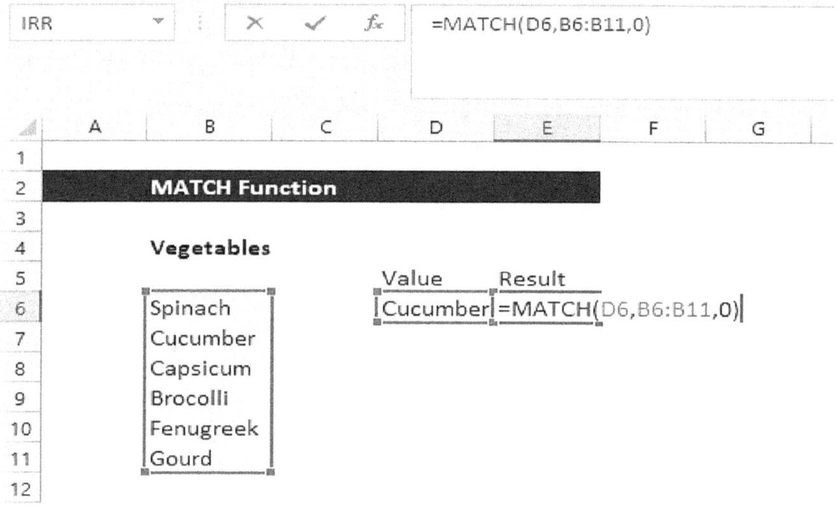

Resultado

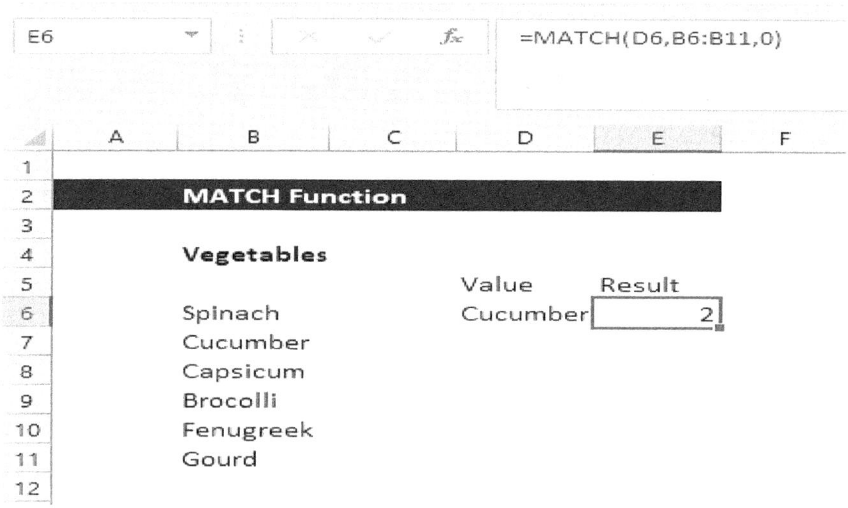

DATOS

La función FECHA de Excel forma parte de la categoría de funciones Fecha/Hora de Excel.

Es la función principal de Excel para calcular fechas. Dado que la modelización financiera requiere periodos de tiempo precisos, el método DATE es muy valioso para los analistas financieros.

Por ejemplo, en un modelo financiero de Excel, un analista puede utilizar el método DATE para vincular dinámicamente el año, la semana y el día de columnas separadas en una función.

Fórmula =DATE(año,mes,día)

Ejemplo

Formula used	Result	Remarks
DATE(YEAR(TODAY()), MONTH(TODAY()), 1)	January 11, 2017	Returns the first day of the current year and month
DATE(2017, 5, 20)-15	May 5, 2017	Subtracts 15 days from May 20, 2017

ELEGIR

La función ELEGIR pertenece a la categoría de funciones de búsqueda y referencias de Excel.

Devuelve el valor de esa matriz correspondiente al número de índice especificado.

Fórmula =CHOOSE(índice_num, valor1, [valor2], ...)

Ejemplos

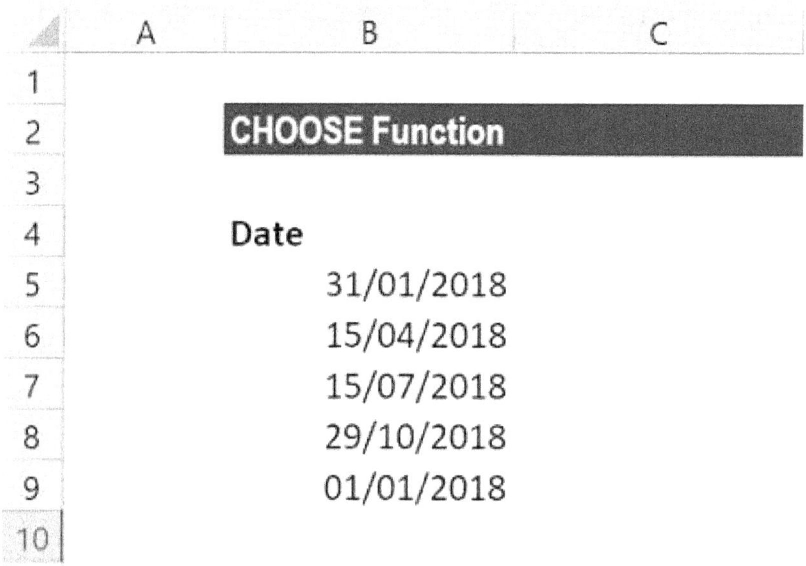

A
B
C
CHOOSE Function
Date
31/01/2018
15/04/2018
15/07/2018
29/10/2018
01/01/2018

Aplicando la fórmula

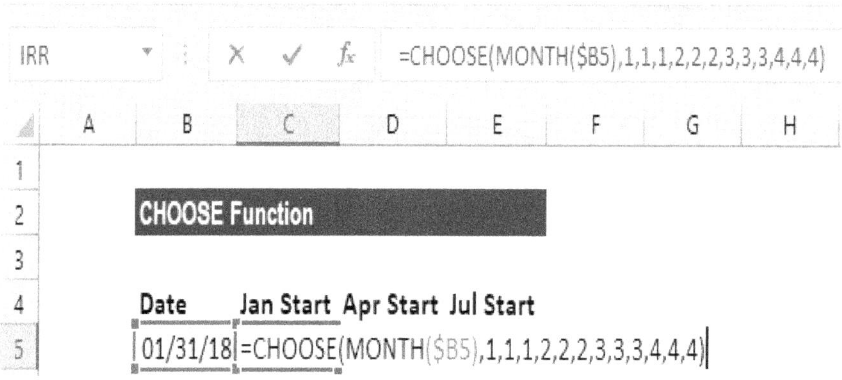

Resultado

| C5 | ▼ | : | X | ✓ | f_x | =CHOOSE(MONTH($B5),1,1,1,2,2,2,3,3,3,4,4,4) |

	A	B	C	D	E	F	G	H
1								
2		**CHOOSE Function**						
3								
4		**Date**	**Jan Start**	**Apr Start**	**Jul Start**			
5		01/31/18	1	1	1			
6		04/15/18	2	2	2			
7		07/15/18	3	3	3			
8		10/29/18	4	4	4			
9		01/01/18	1	1	1			
10								

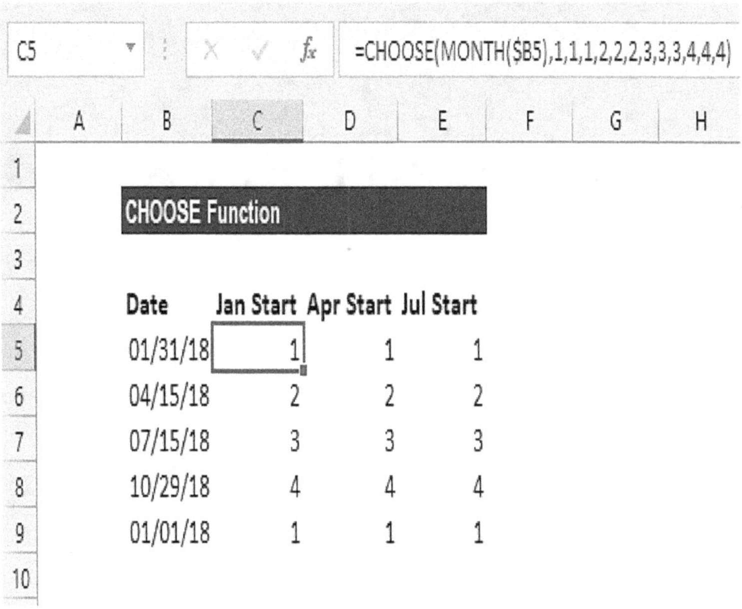

DÍAS

En Excel, la función DÍAS es una herramienta de fecha/hora que calcula el número de días entre dos fechas. MS Excel 2013 introduce la función DÍAS. Su finalidad es calcular el número de días transcurridos entre dos fechas diferentes. Anteriormente, utilizábamos el método Fecha final-Fecha inicial.

Fórmula =DAYS (fecha_fin, fecha_inicio)

Ejemplo

Supongamos que hemos introducido fechas que no están en secuencia cronológica. En este caso, la función DÍAS puede utilizarse del siguiente modo. Si utilizamos DAYS con los siguientes datos, obtenemos un resultado negativo.

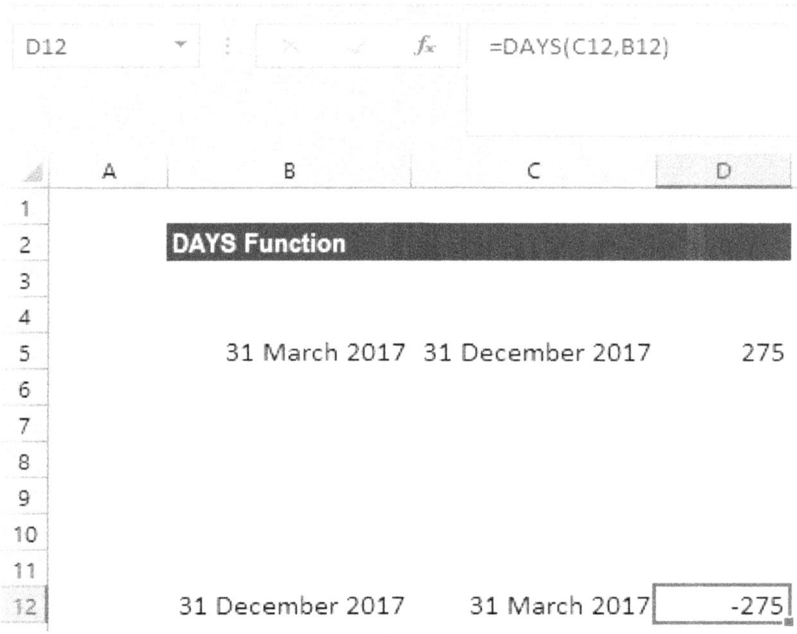

Aplicando la fórmula

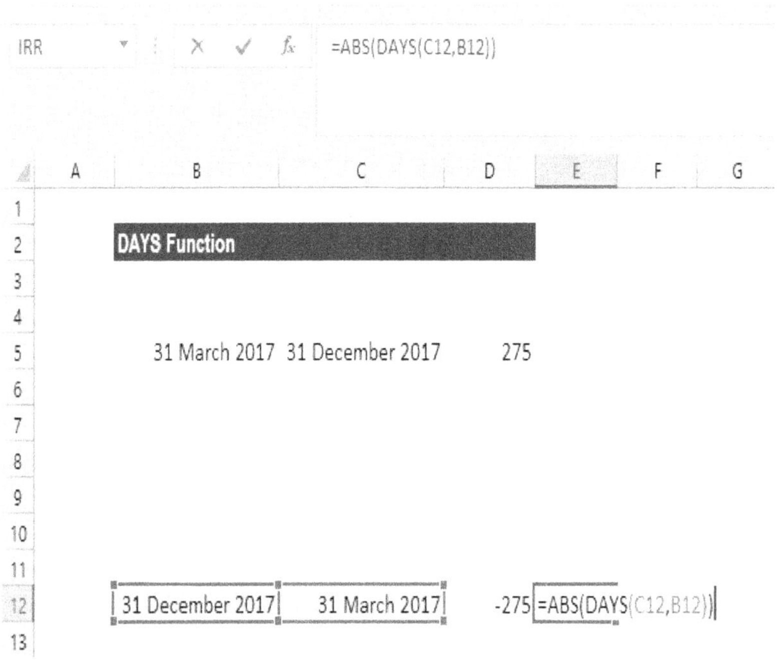

Resultado

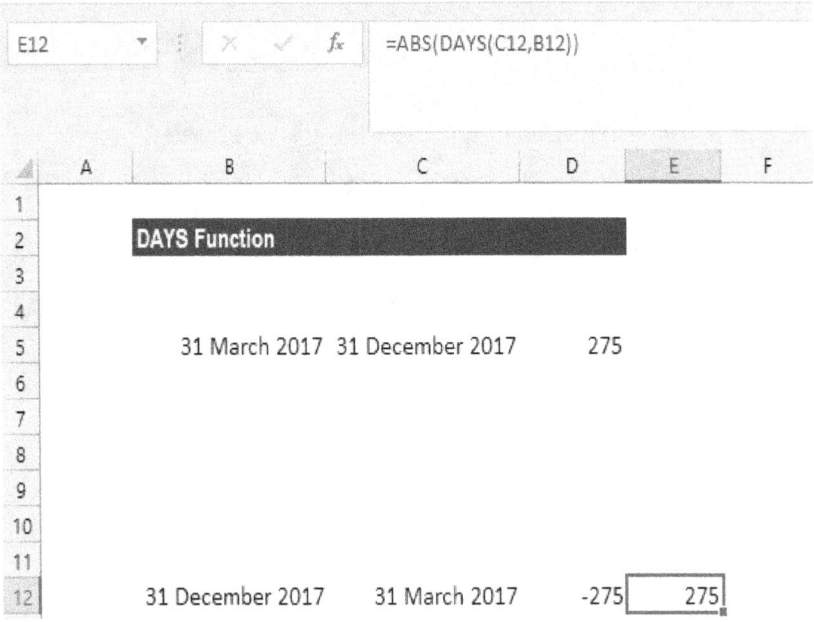

ÍNDICE

La función ÍNDICE pertenece a la categoría de funciones de búsqueda y referencia de Excel.

La función devuelve el elemento en un punto específico de un rango de array.

La función MATCH se utiliza a menudo junto con la función INDEX. Podemos llamarlo un enfoque diferente de VLOOKUP.

Fórmula =INDEX(array, fila_num, [col_num])

Ejemplos

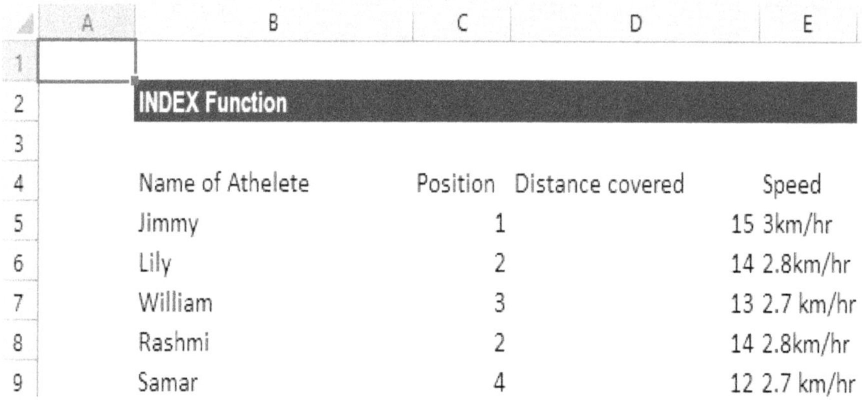

	A	B	C	D	E
1					
2		INDEX Function			
3					
4		Name of Athelete	Position	Distance covered	Speed
5		Jimmy	1	15	3km/hr
6		Lily	2	14	2.8km/hr
7		William	3	13	2.7 km/hr
8		Rashmi	2	14	2.8km/hr
9		Samar	4	12	2.7 km/hr

Aplicando la fórmula

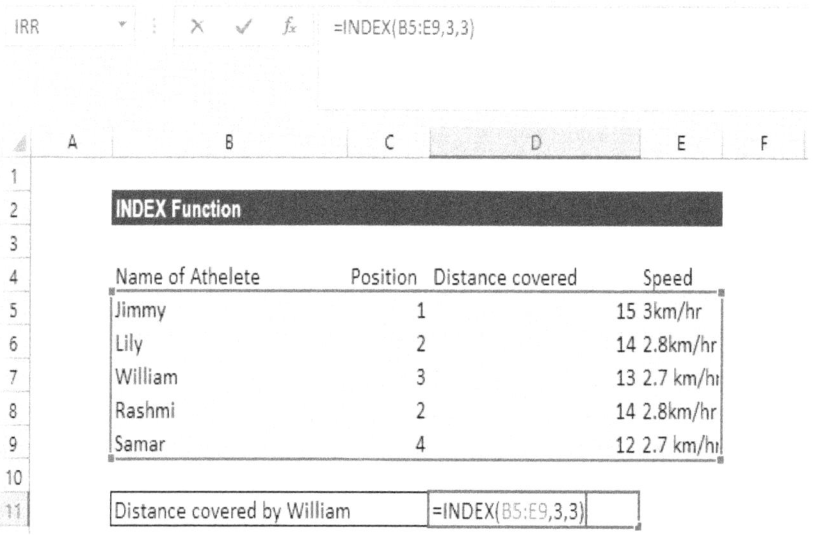

IRR =INDEX(B5:E9,3,3)

	A	B	C	D	E	F
1						
2		INDEX Function				
3						
4		Name of Athelete	Position	Distance covered	Speed	
5		Jimmy	1	15	3km/hr	
6		Lily	2	14	2.8km/hr	
7		William	3	13	2.7 km/hr	
8		Rashmi	2	14	2.8km/hr	
9		Samar	4	12	2.7 km/hr	
10						
11		Distance covered by William		=INDEX(B5:E9,3,3)		

Resultado

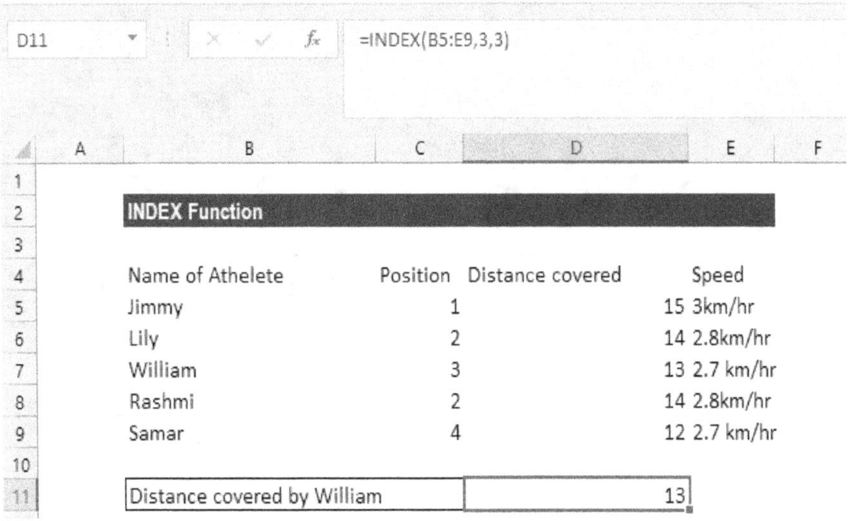

D11 =INDEX(B5:E9,3,3)

INDEX Function

Name of Athelete	Position	Distance covered	Speed
Jimmy	1	15	3km/hr
Lily	2	14	2.8km/hr
William	3	13	2.7 km/hr
Rashmi	2	14	2.8km/hr
Samar	4	12	2.7 km/hr

Distance covered by William	13

FIND & FINDB

La operación BUSCAR forma parte de la categoría de funciones TEXTO de Excel.

Este método devuelve la posición de un carácter o subcadena dados dentro de una cadena de texto.

Fórmula =FIND(buscar_texto, dentro_del_texto, [inicio_num])

Ejemplo

- Los datos no son correctos.
- Los ingresos aumentaron un 5%.
- Texto desde el principio

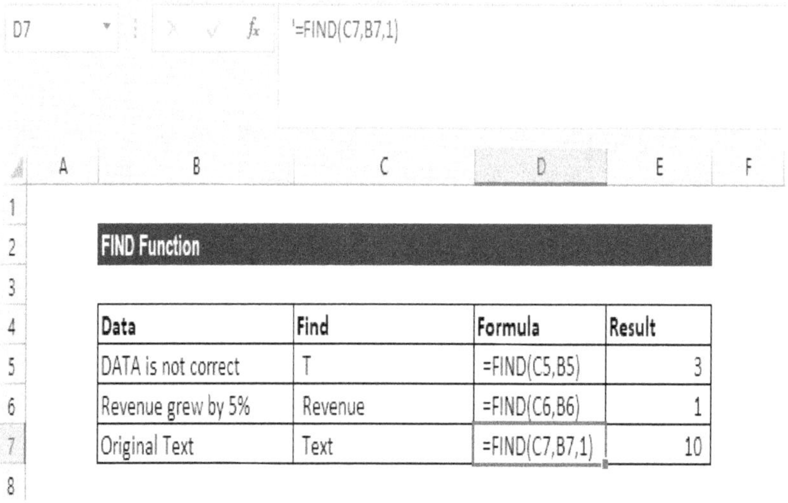

- Como la función BUSCAR distingue entre mayúsculas y minúsculas, los valores de texto de búsqueda 'T' y 't' darán resultados diferentes.
- La búsqueda comienza a partir de la cuarta letra de la cadena dentro del texto si el parámetro [start num] está ajustado a 4.

2: Tablas dinámicas, rellenado automático e importación de datos externos

Tablas dinámicas

Una tabla dinámica le ayuda a organizar, clasificar, gestionar y analizar dinámicamente enormes conjuntos de datos.

Los sistemas de gestión de bases de datos son una de las herramientas de análisis de datos más sofisticadas de Excel, y los profesionales de las finanzas de todo el mundo confían en ellos. Excel actúa como una base de datos detrás de las sombras dentro de una tabla dinámica, lo que le permite manipular sin esfuerzo enormes volúmenes de datos.

Gestión de datos

Lo primero es asegurarse de que los datos están bien organizados y pueden transformarse fácilmente en una tabla dinámica.

Esto implica asegurarse de que todos los datos están en las filas y columnas correctas.

La columna no funcionará correctamente si los datos tampoco están ordenados correctamente.

Como se ilustra en el ejemplo siguiente, asegúrese de que las subcategorías (nombres de categoría) se encuentran en la fila superior del conjunto de datos.

	A	B	C	D	E	F
1	Date	Channel	Product	Revenue	Shipping Cost	Marketing Cost
2	1/1/2018	Facebook	T-shirt	45	-5	-3
3	1/1/2018	Email	Pants	75	-5	-8
4	1/1/2018	LinkedIn	Hat	25	-2	-8
5	1/1/2018	Email	Shorts	35	-3	0
6	1/1/2018	Twitter	Pants	75	-5	-12
7	1/1/2018	AdWords	Shorts	35	-3	-8
8	1/1/2018	Instagram	T-shirt	45	-5	-4
9	1/1/2018	Snapchat	T-shirt	45	-5	-2
10	1/2/2018	Facebook	T-shirt	45	-5	-16
11	1/2/2018	LinkedIn	Shorts	35	-3	-9
12	1/2/2018	Email	Pants	75	-5	0
13	1/2/2018	Twitter	Hat	25	-2	-3
14	1/2/2018	AdWords	Shorts	35	-3	-1
15	1/2/2018	Instagram	Pants	75	-5	-4

Elegir mesa

El segundo paso es elegir los datos que desea incluir en las tablas y, a continuación, busque el grupo de tablas en la pestaña de la cinta de MS Excels y elija Tabla dinámica, como se ve en la imagen siguiente.

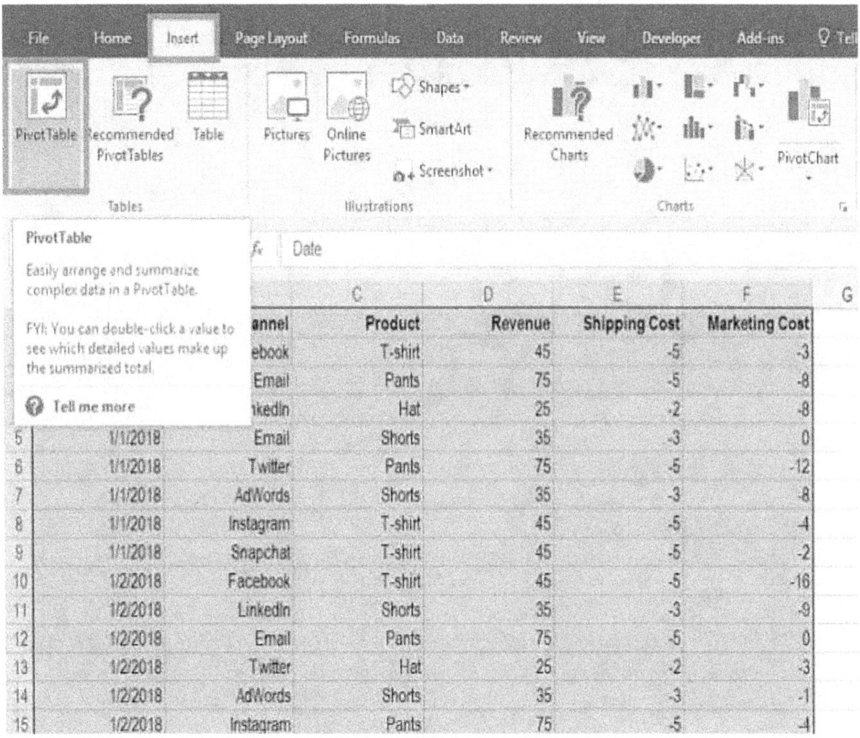

Cuando aparezca el cuadro de diálogo, compruebe que ha elegido los datos correctos y, a continuación, elija si desea que las tablas se añadan como una hoja nueva o se coloquen en otro lugar de la hoja de cálculo existente.

Esto depende totalmente de ti y de tus gustos.

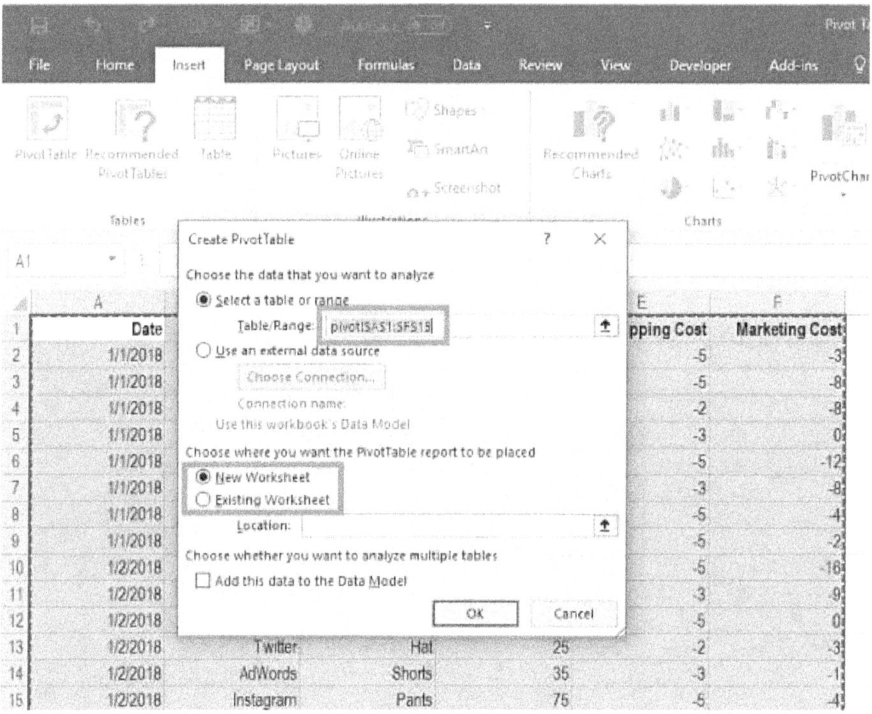

Campo de la tabla

Al finalizar el segundo paso, aparecerá el cuadro "Campos de la tabla dinámica".

Aquí es donde usted arrastra y suelta los elementos que se presentan como campos accesibles para configurar los campos.

Para elegir lo que desea mostrar en la tabla, utilice las casillas de verificación situadas junto a los campos.

Opción de clasificación

Ahora que existe la tabla principal, puede ordenar los datos utilizando numerosos criterios, como el nombre, el precio, el número u otros factores.

Para ordenar la fecha, primero haga clic en el icono de ordenación automática (resaltado en la imagen inferior) y, a continuación, elija "opciones de ordenación adicionales" en el menú desplegable.

Otra alternativa es hacer clic con el botón derecho del ratón en otro lugar de la lista y elegir Ordenar, seguido de "opciones de ordenación adicionales".

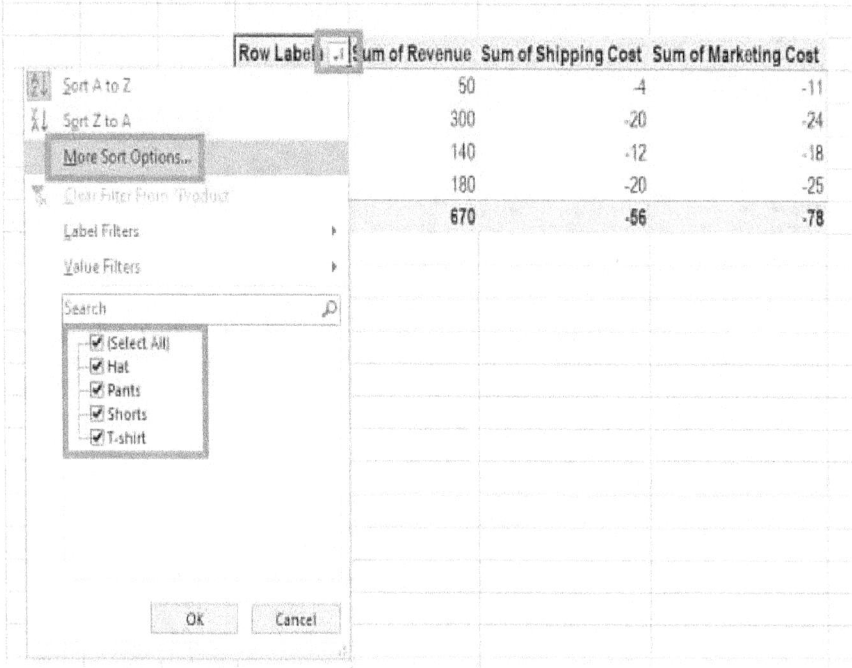

Opción de filtro

Añadir un filtro a los datos es una forma sencilla de ordenarlos.

En el ejemplo anterior demostramos cómo ordenar, pero ahora, utilizando la función de filtro, podemos examinar los datos de determinadas subsecciones con un solo clic.

Al desplazar la categoría "canal" de la lista de posibilidades a la sección Filtro, en la parte superior del formato de la tabla aparece un recuadro adicional en el que se lee "canal", lo que indica que se ha aplicado el filtrado, como se ve en la figura siguiente.

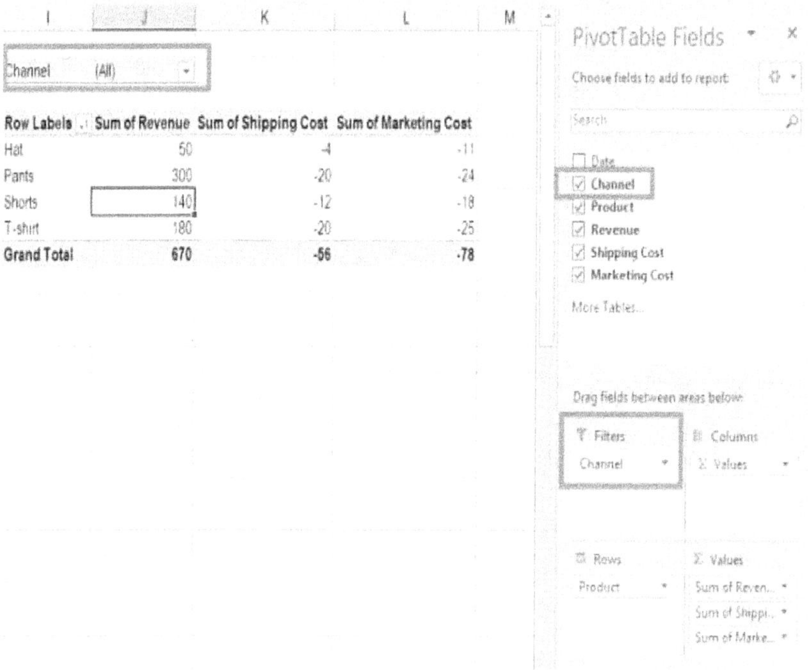

Tras hacer clic en el botón de filtro, obtenemos:

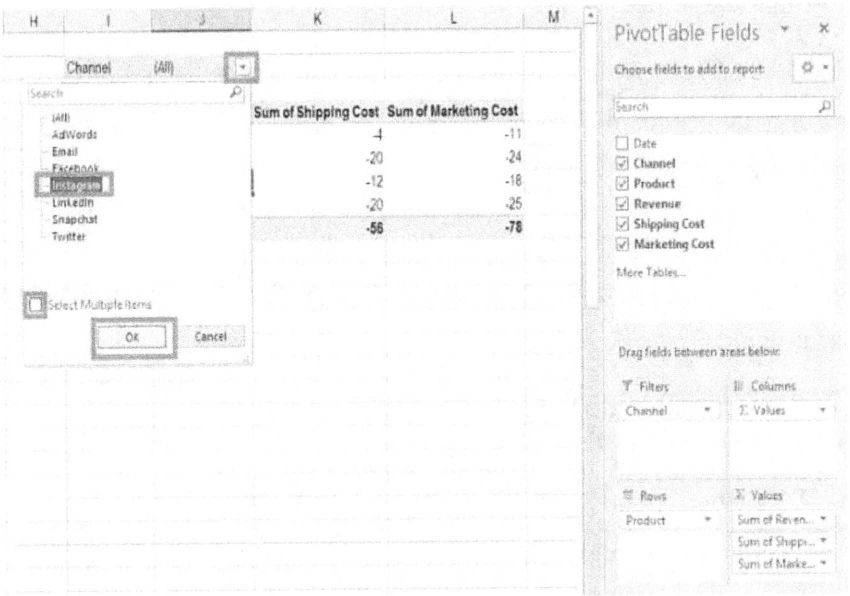

Asimismo, puede añadir cualquier otro tipo de filtro en función de sus necesidades.

Llenado automático

Usando el manejador de relleno, Autorelleno en Excel puede rellenar un rango en una dirección específica.

El rango se suministra con valores (numéricos, textuales o una combinación de ellos) que se copian de la primera celda elegida o según el patrón de extracción de celdas.

El rango puede rellenarse en cualquier dirección: abajo, arriba, dcrecha o izquierda.

Un manejador de relleno aparece en la esquina inferior de una celda o rango elegido como un pequeño cuadrado.

Excel ofrece una herramienta que permite insertar datos automáticamente.

Puede utilizar Autorrelleno para estirar automáticamente una secuencia predecible (por ejemplo, 1, 2, 3...; días de la semana; horas del día).

También puedes utilizar Autorrelleno para replicar fórmulas: creas la ecuación una vez y luego utilizas Autorrelleno para extenderla a otras celdas.

Procedimiento de llenado automático paso a paso

- En primer lugar, debe introducir un número cualquiera en la casilla 1st . Por ejemplo, introduzca 10 y 20 como se muestra en la siguiente tabla

	A	B	C	D	E	F	G	H	I
1	10								
2	20								
3									

1. Mueva el deslizador de relleno hacia abajo para seleccionar las celdas A1 y A2. El tirador de relleno se encuentra en la esquina inferior derecha de una celda o rango de celdas seleccionado.

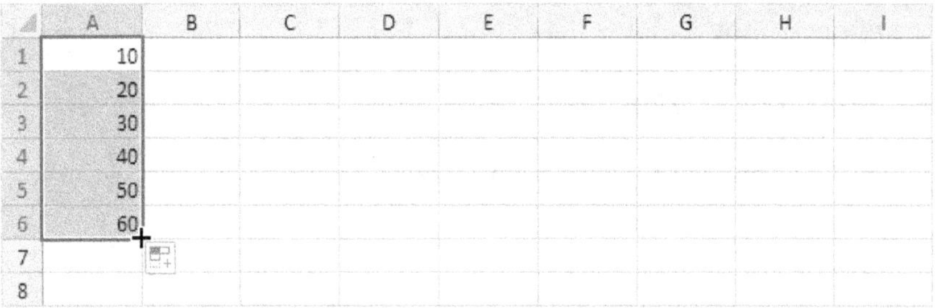

De este modo, MS Excel puede rellenarse automáticamente.

Importación de datos externos

Los datos que residen fuera de la hoja de cálculo de Excel en otra ubicación se denominan datos externos.

Otras ubicaciones podrían ser casi cualquier lugar, y Excel puede importar datos de una amplia gama de fuentes.

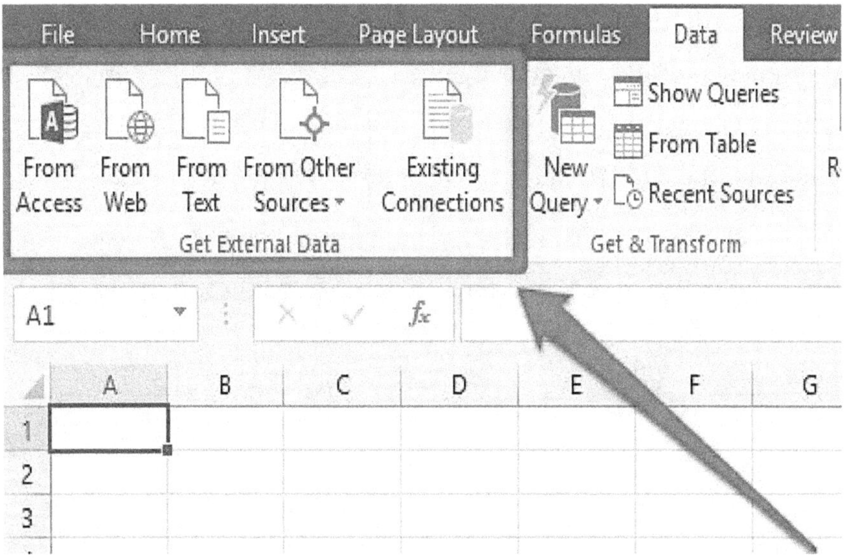

- Desde la Web
- Desde Acceso
- De otras fuentes

- Desde Texto

Importar desde la Web

Haga clic en Desde la Web en la categoría Obtener datos externos del panel Datos.

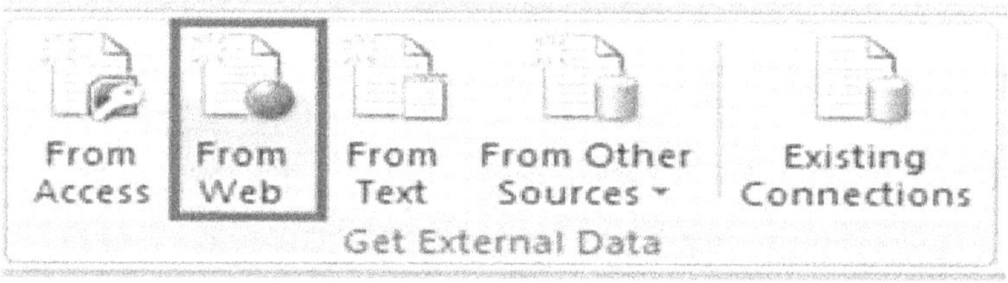

Al elegir Desde la Web, Excel muestra la página en el navegador con los dos sitios web de la URL subrayados en un cuadro de diálogo.

Copie la dirección del sitio y péguela en la casilla Ubicación. Mantener pulsada la tecla Control mientras se pulsa una vez la tecla V (Ctrl + V) es una técnica rápida para pegar. Puede que tenga que navegar para localizar la tabla de datos.

Cuando lo haya encontrado, haga clic una vez en la flecha situada junto a la tabla Datos y, a continuación, en el botón Importar.

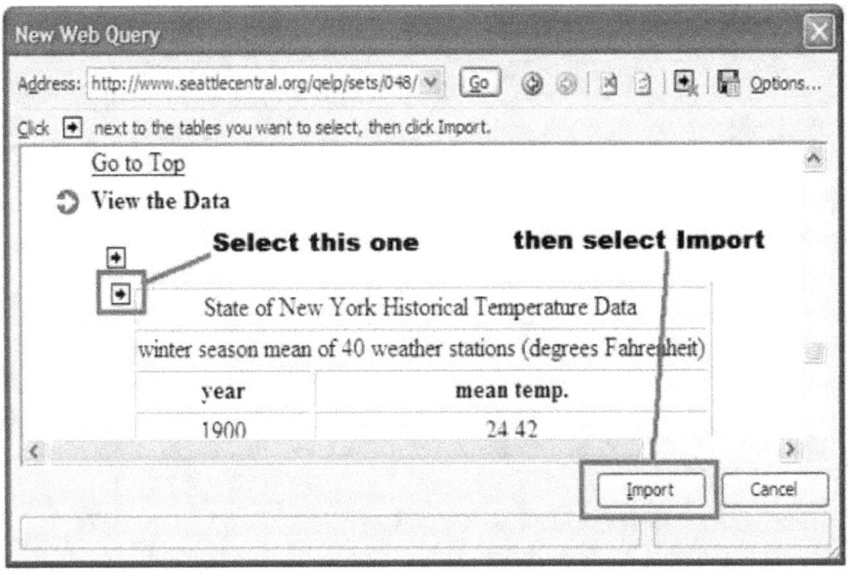

Ahora hay que tomar una decisión. Excel está listo para importar los datos, pero necesita saber si deben colocarse en un libro existente o en uno nuevo.

A partir de datos Access

Al transferir datos a Excel, se crea un enlace persistente que puede renovarse.

- Haga clic en Desde acceso en la categoría Obtener datos externos del panel Datos.

- Seleccione el archivo

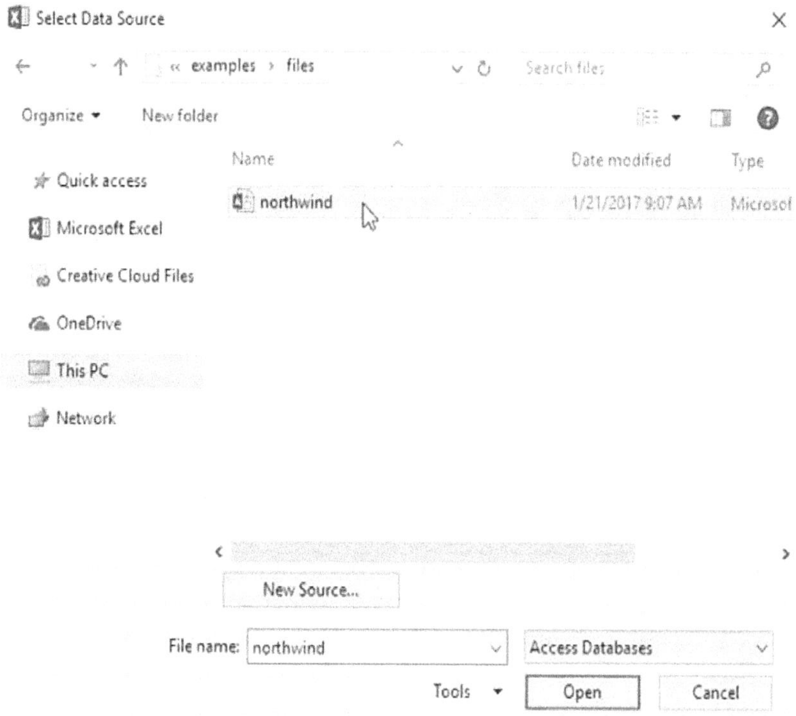

- Haz doble clic en un archivo o pulsa el botón Abrir.
- En particular, haga clic en la tabla

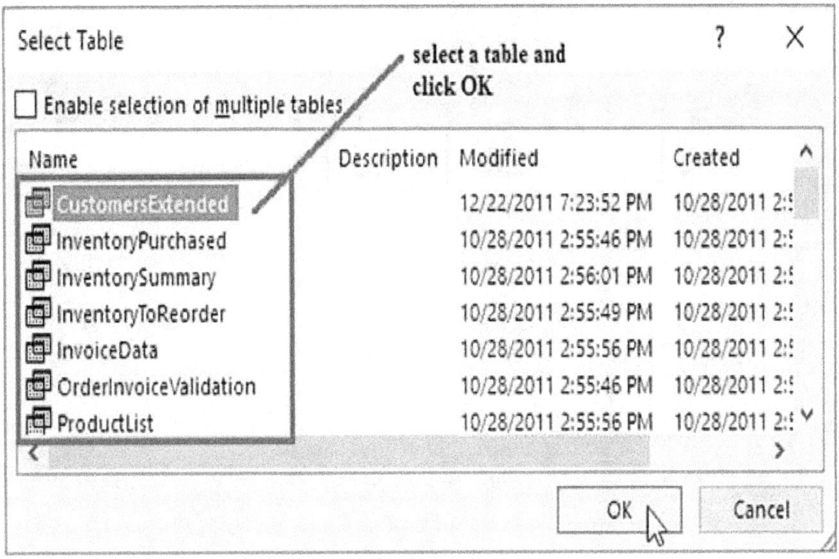

- Elige cómo quieren ver esta información los usuarios y a dónde quieres que vayan y, a continuación, haz clic en Aceptar.

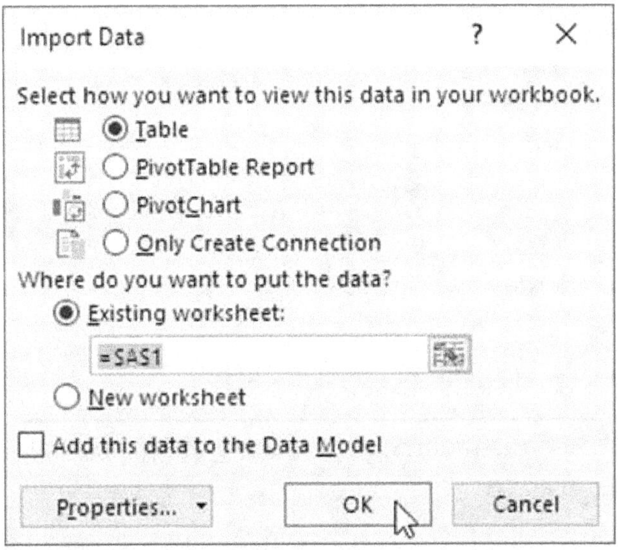

- Resultado:

	A	B	C	D	E	
1	ID	Customers.Company	LastName	FirstName	EmailAddress	JobTitle
2	2	Customer A	Bedecs	Anna		Owner
3	3	Customer B	Gratacos Solsona	Antonio		Owner
4	4	Customer C	Axen	Thomas		Purchasing F
5	5	Customer D	Lee	Christina		Purchasing M
6	6	Customer E	O'Donnell	Martin		Owner
7	7	Customer F	Pérez-Olaeta	Francisco		Purchasing M
8	8	Customer G	Xie	Ming-Yang		Owner
9	9	Customer H	Andersen	Elizabeth		Purchasing F
10	10	Customer I	Mortensen	Sven		Purchasing M
11	11	Customer J	Wacker	Roland		Purchasing M
12	12	Customer K	Krschne	Peter		Purchasing M
13	13	Customer L	Edwards	John		Purchasing M
14	14	Customer M	Ludick	Andre		Purchasing F
15	15	Customer N	Grilo	Carlos		Purchasing F
16	16	Customer O	Kupkova	Helena		Purchasing M
17	17	Customer P	Goldschmidt	Daniel		Purchasing F

- Puede actualizar rápidamente los datos en Microsoft Excel cuando cambien los datos en Access. Para empezar, elija una celda dentro de la tabla. A continuación, en el grupo Exportar datos de tabla de la pestaña Diseño, haga clic en Actualizar.

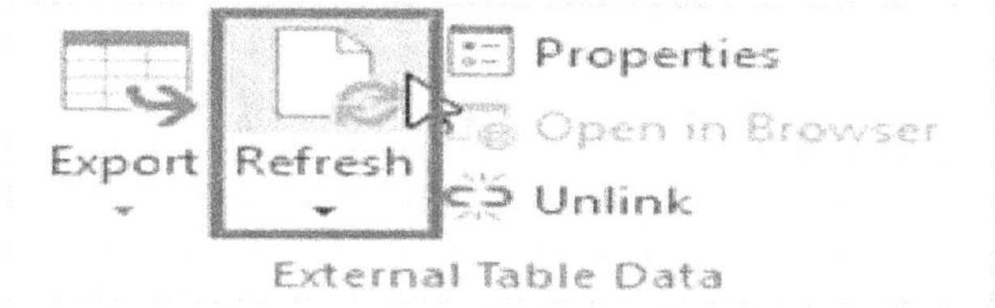

Importación desde otras fuentes

- Importación de datos del servidor SOL

Seleccione De otras fuentes en la categoría Obtener datos externos de la pestaña Datos.

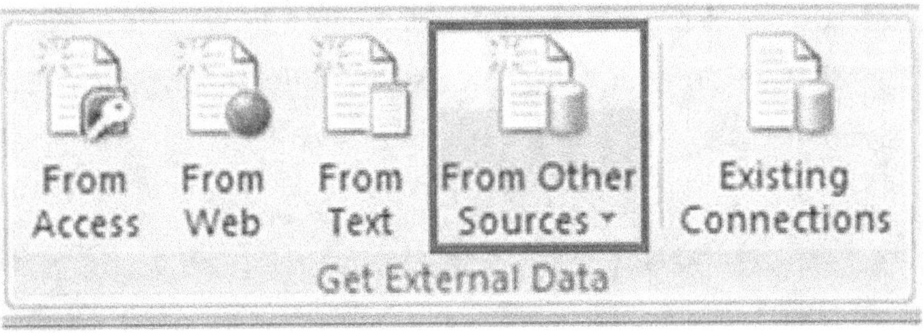

- Smash en el servidor SOL

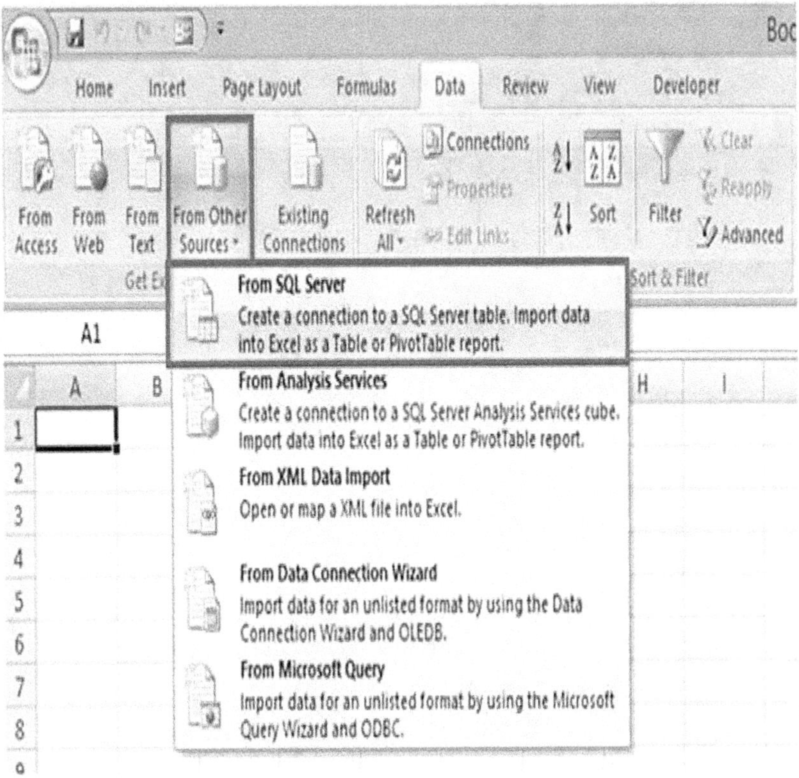

- Introduzca el servidor y las credenciales de inicio de sesión en el Asistente de enlace de datos y, a continuación, haga clic en Siguiente.

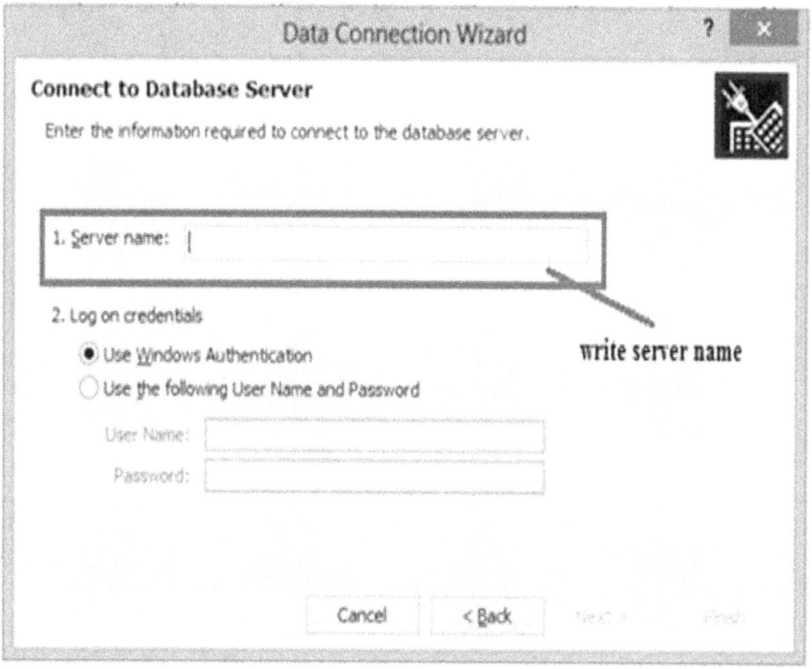

- A continuación, seleccione la base de datos y las tablas con las que desea trabajar.

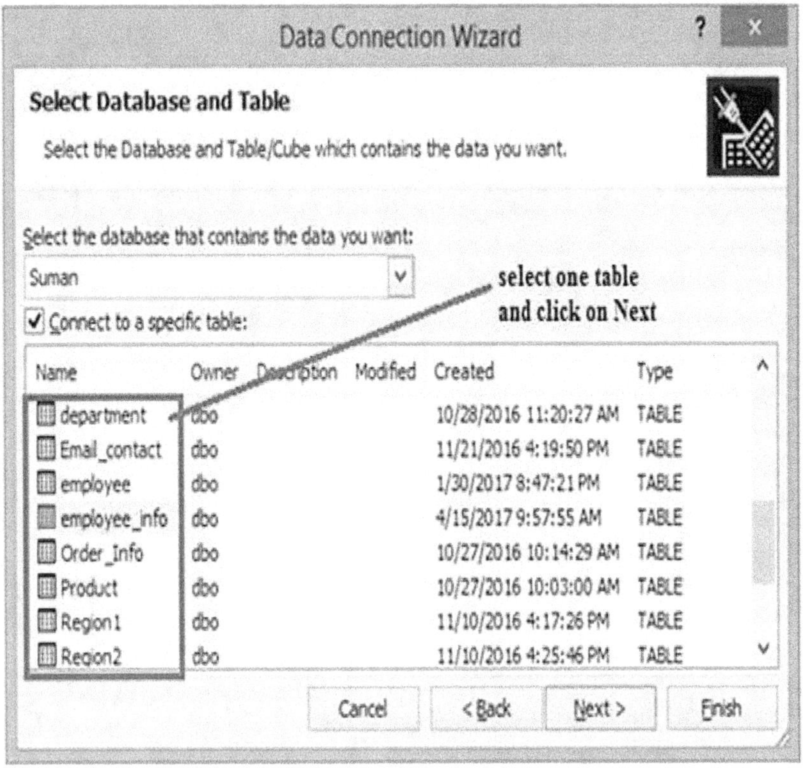

- Puede seleccionar Finalizar o Siguiente para actualizar la información de conexión.

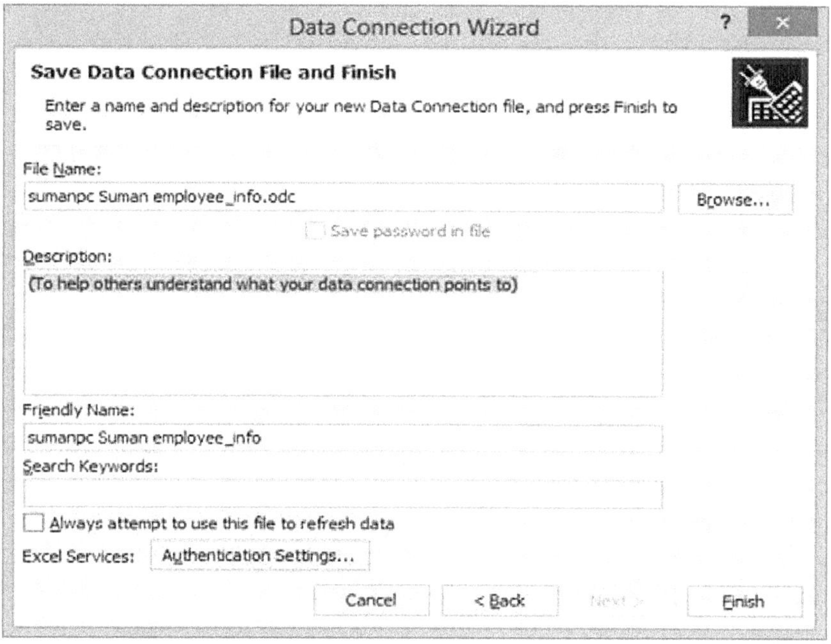

- Elija dónde desea guardar la información en la hoja de cálculo y si desea mostrarla como gráfico, tabla dinámica o tabla pivotante en el cuadro de diálogo Transferir datos que aparece.

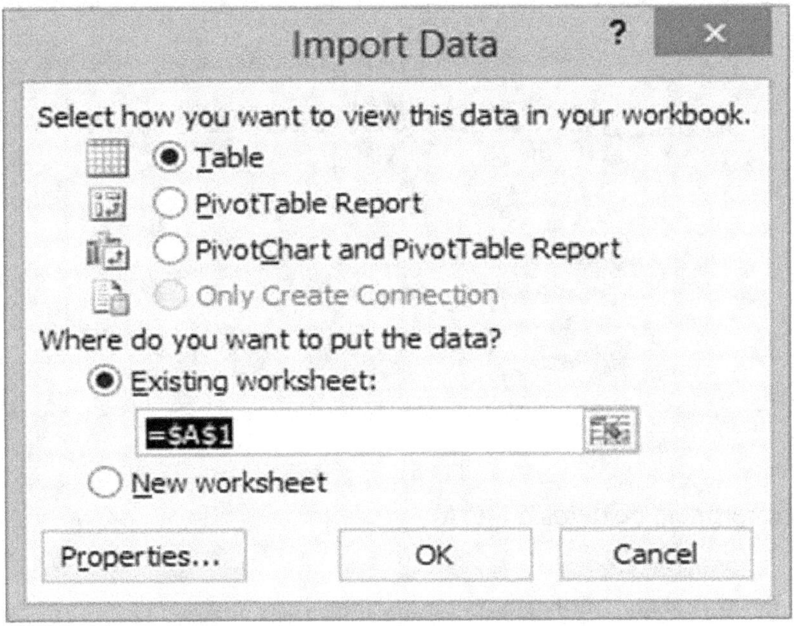

- Importe su información

Por último, haga clic en Aceptar para finalizar el proceso de importación de datos. Este es el aspecto que tendrá la hoja:

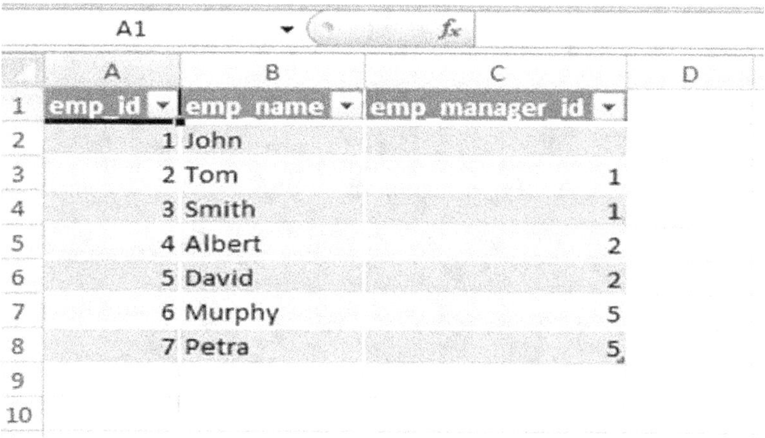

Transferencia de datos de texto

- En la pestaña Información de la cinta, haga clic en el botón "Desde texto" de la categoría "Obtener datos externos".

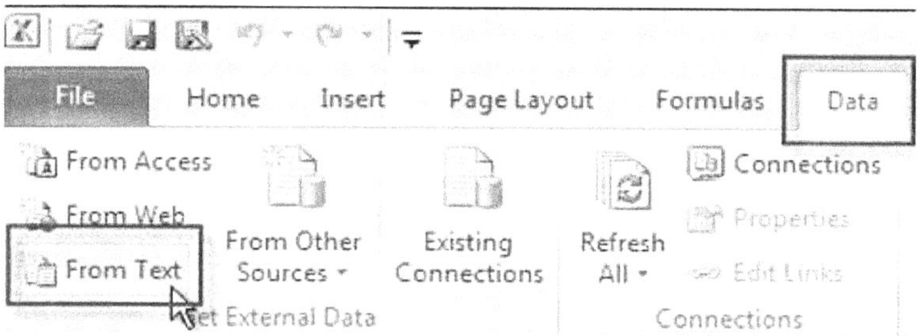

- Elige tu archivo:

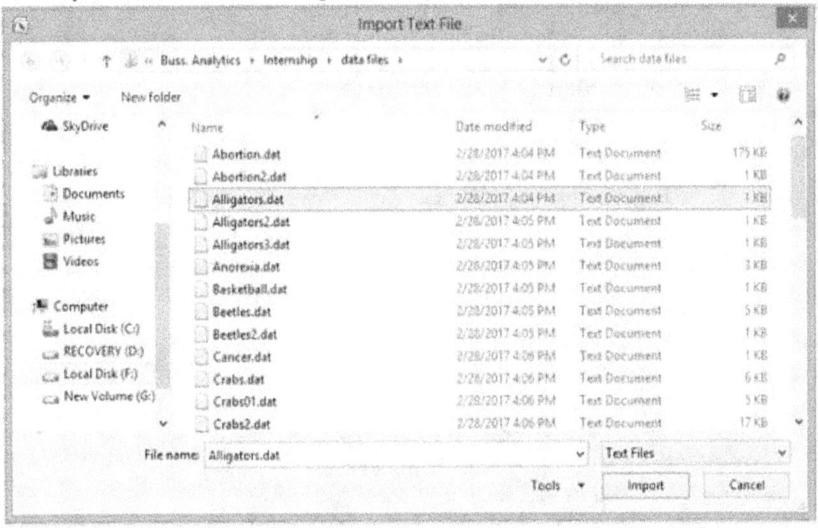

Y, a continuación, seleccione Importar.

- Ahora es el momento de averiguar qué parámetros necesitaremos para la transferencia.
- Seleccione la opción Abrir. Cuando se carga el asistente de transferencia de texto, aparece así:

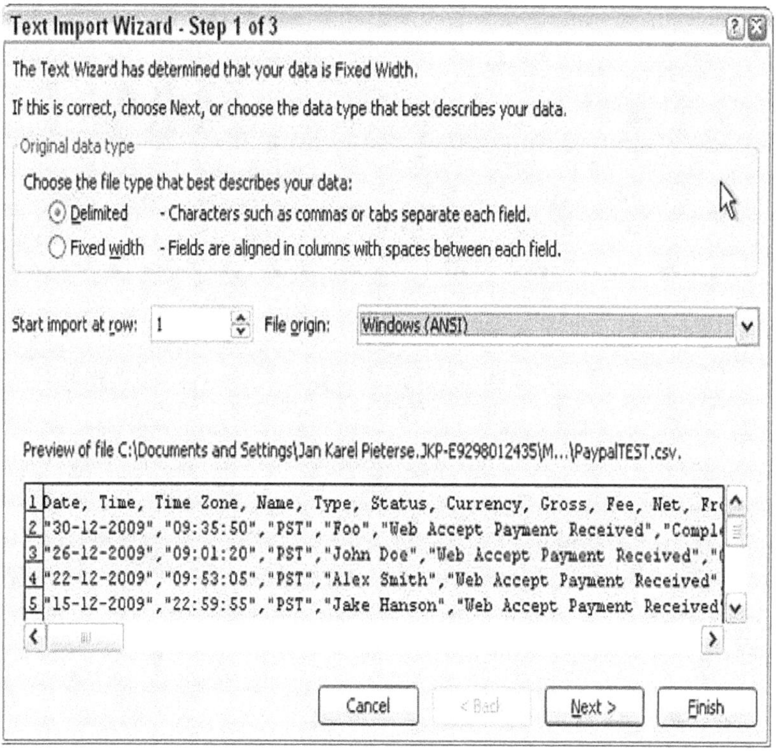

- Haga clic en el botón Detener después de especificar todas las columnas.
- Excel le pide que guarde los resultados en el cuadro de diálogo Importar datos. Elige un lugar adecuado.

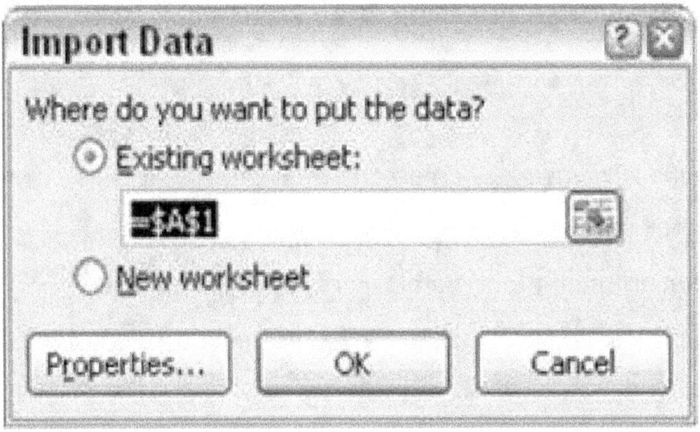

3: Listas desplegables y validación de datos

Validación de datos

La herramienta de validación de datos de Microsoft Excel permite limitar lo que se puede introducir en la hoja de cálculo. Por ejemplo:

- Limite las entradas, como un intervalo de fechas o números enteros.
- Crear un menú desplegable de objetos en una celda.
- Establezca normas específicas sobre lo que puede introducirse exclusivamente.

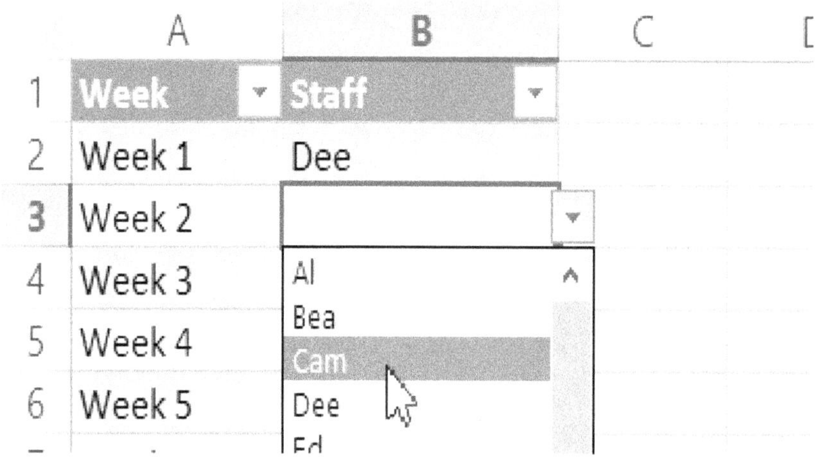

Lista desplegable en una celda

Puede nombrar un elemento basándose en una tabla Excel especificada para construir una lista desplegable en Excel. Y utilice ese elemento como fuente de la lista desplegable Integridad de datos. Si no desea construir una tabla con nombre, consulte la sección sobre el rango con nombre a continuación para obtener más detalles.

Crear una lista desplegable

Se puede construir una lista de opciones en una celda utilizando la validación de datos. Hay que seguir tres sencillos pasos:

- Hacer un índice O una lista
- Nombre de la lista
- Construir el menú desplegable

Dé un título a la lista: en este caso, "Empleados". Escriba las entradas que desea mostrar en la lista desplegable en una sola columna inmediatamente debajo de la celda de cabecera. Entre las entradas, no deje ninguna celda vacía.

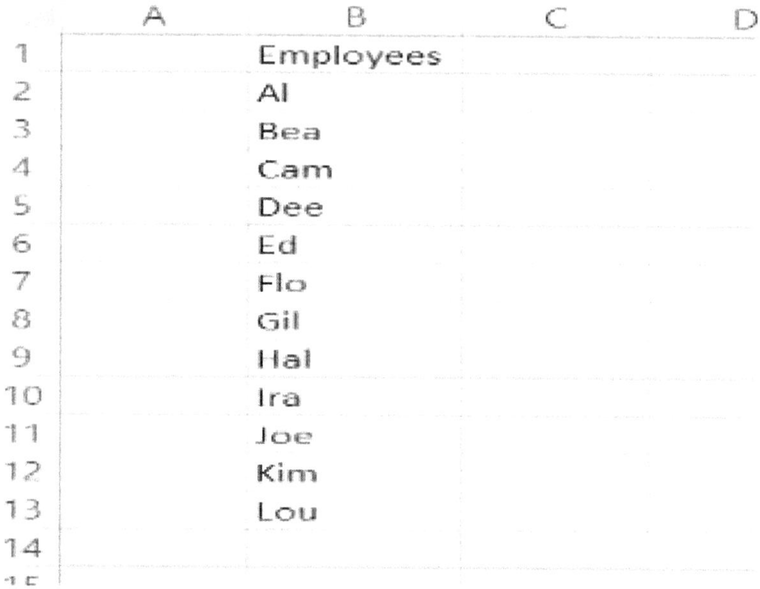

- Haga clic en insertar y luego en la tabla

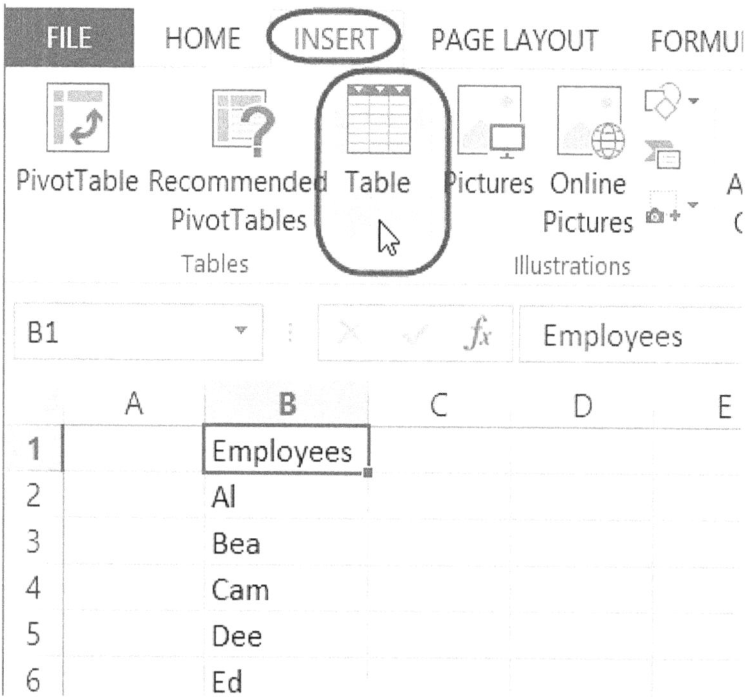

- Marque la casilla

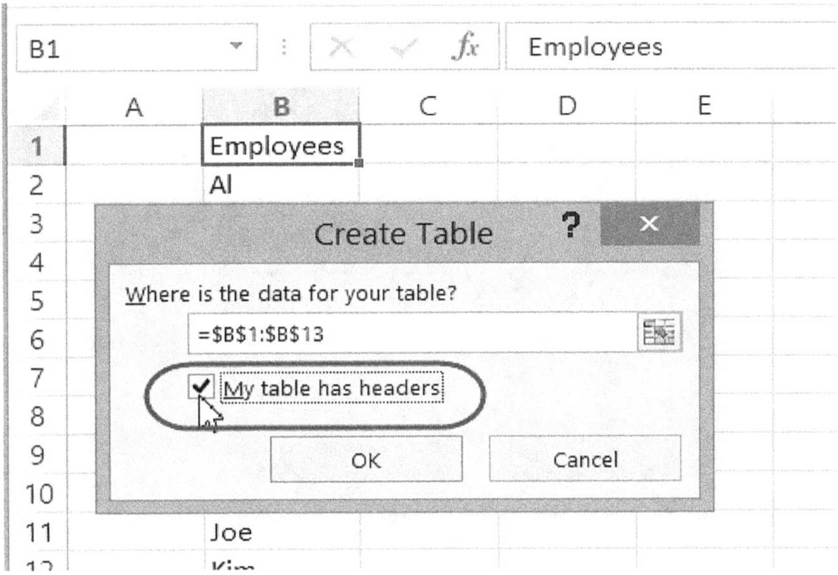

De este modo, se puede dar un nombre a la tabla.

Puede utilizar un rango con nombre para construir una lista dentro de una o más celdas ahora que ha generado una. Elija las celdas en las que desea que aparezca esta lista desplegable.

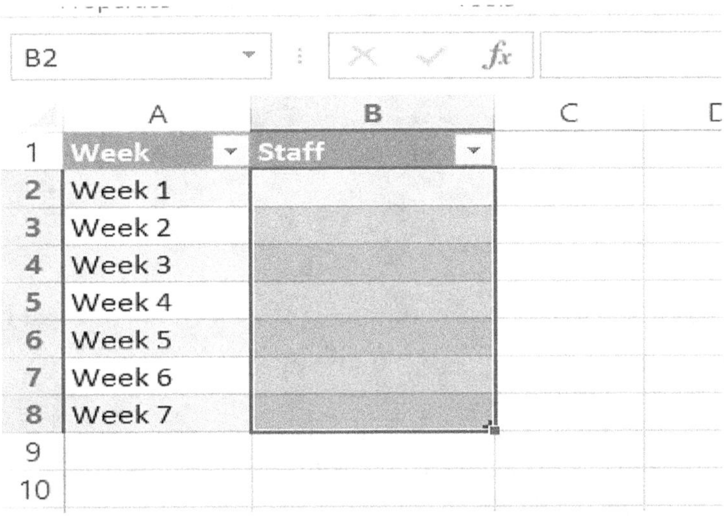

Haga clic en Validar datos en cintas

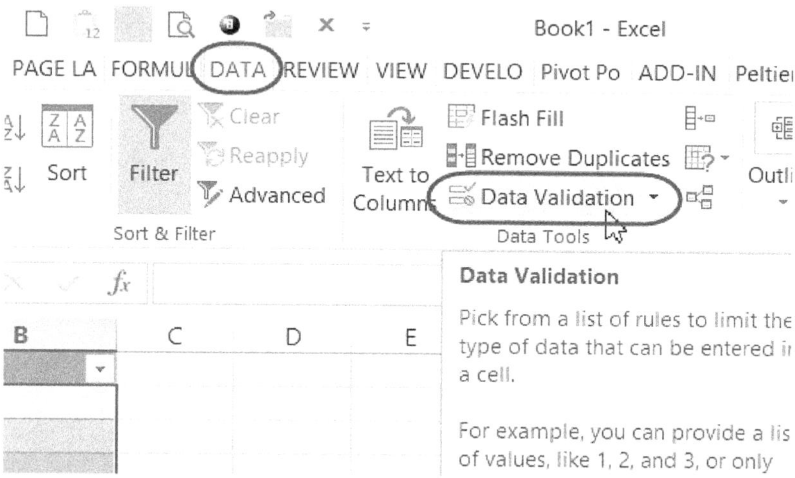

Seleccione Lista en el menú desplegable Permitir.

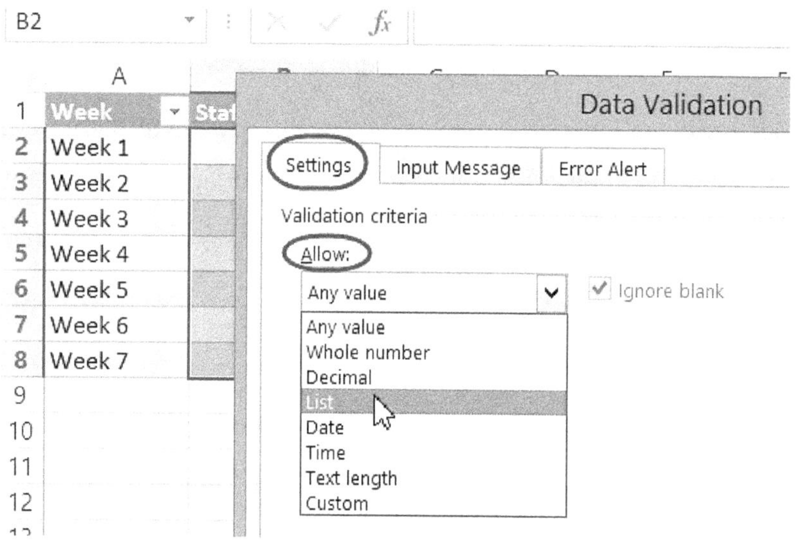

Para visualizar una lista de nombres, pulse la tecla F3. Haga clic en Aceptar después de seleccionar un nombre.

Para insertar un elemento del menú desplegable en una celda, haga clic en él.

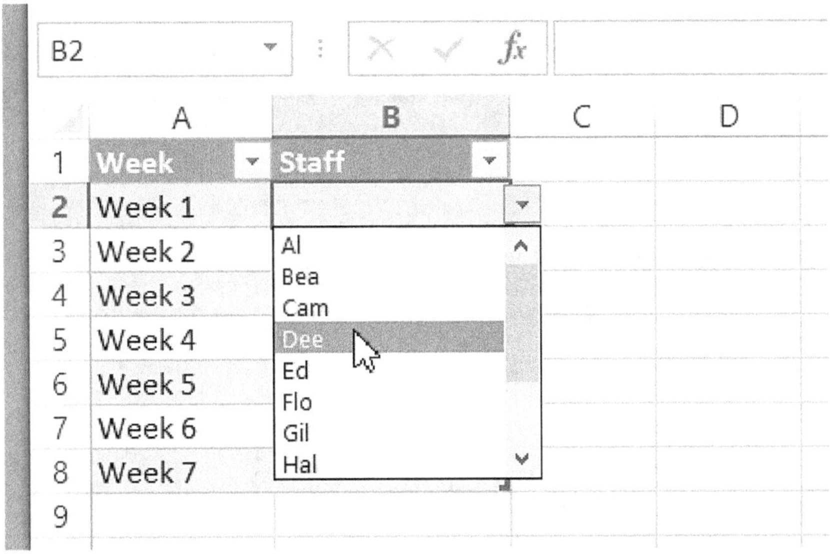

4: Tablas de datos, simulaciones y solucionador

Creación de una tabla de datos

Es posible crear una tabla de datos con los pagos mensuales de préstamos con periodos comprendidos entre uno y seis años. Los pagos se efectuarán en incrementos de 12 a 72.

Las celdas C2-C4 proporcionan información sobre el préstamo, y la celda C3 contiene el número de pagos.

Para crear la tabla de datos, siga estos pasos:

- Introduzca los pagos para préstamos con periodos de 1 a 6 años en las celdas B8:B13.
- Introduzca la siguiente función PMT en la celda C7, haciendo referencia a las celdas de datos del préstamo: =PMT (C2/12, C3, C4)
- Las celdas son B7:C13 - las celdas principal y de respuesta - deben ser seleccionadas.
- Haga clic en Análisis Y si..., luego en Tabla de datos, en el icono de la pestaña Datos, en el grupo Utilidades de datos.

- Haga clic en la celda número C3, que contiene las variables para el pago mensual, en el cuadro Columnas de entrada.

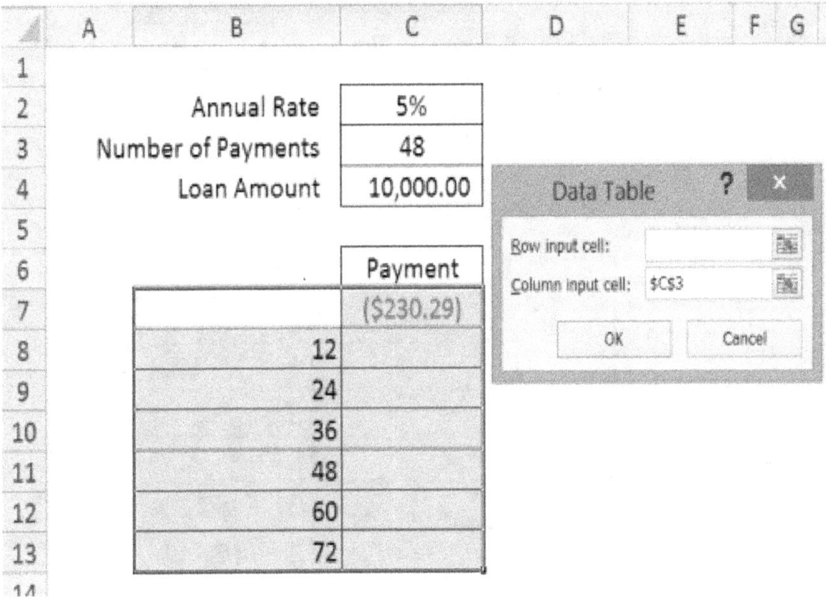

- Para salir del cuadro de diálogo, pulse OK.
- Formatee las celdas que contienen los pagos mensuales como Moneda. El estilo es Moneda en la siguiente captura de pantalla, con los valores negativos entre paréntesis y en rojo.

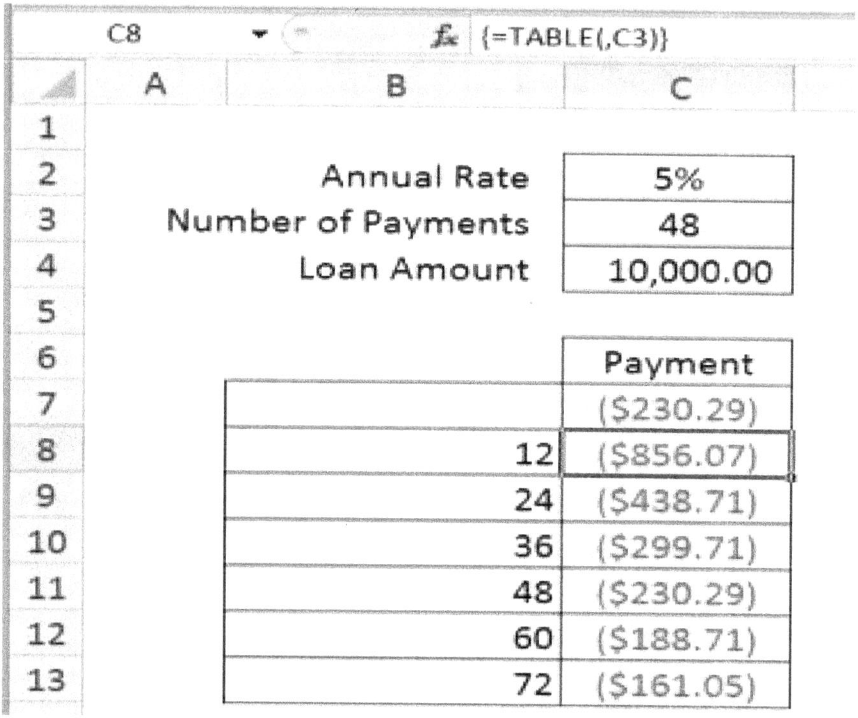

C8 | f_x {=TABLE(,C3)}

	A	B	C
1			
2		Annual Rate	5%
3		Number of Payments	48
4		Loan Amount	10,000.00
5			
6			Payment
7			($230.29)
8		12	($856.07)
9		24	($438.71)
10		36	($299.71)
11		48	($230.29)
12		60	($188.71)
13		72	($161.05)

- La fórmula de la barra muestra que una de las celdas premeditadas para el pago mensual contiene una función TABLA, con la celda C3 como la de la segunda solicitud. Se trata de una fórmula de matriz, como indican los corchetes al principio y al final de la fórmula.

Simulaciones

Una simulación es una recreación de una condición o actividad. Para ello suele ser necesario desarrollar un modelo estadístico que refleje las propiedades de un sistema y otros aspectos.

Después, el modelo puede utilizarse para predecir cómo reaccionaría el sistema en diversas circunstancias.

También puede referirse a la predicción o evaluación de los resultados de una determinada situación.

Excel es uno de los medios más utilizados para crear modelos de datos y realizar simulaciones, a pesar de que hoy en día se dispone de software especializado para cada caso de uso.

Excel es una herramienta de cálculo versátil que puede almacenar datos, y se encuentra entre los medios más utilizados para crear modelos de datos y simulaciones.

Modelo de simulación

En Excel, una simulación debe basarse en un modelo, que se basa en un conjunto de fórmulas y procesos matemáticos.

Un modelo puede ser tan sencillo como una operación de multiplicación o tan sofisticado como un libro de trabajo lleno de fórmulas y macros.

Lo que cuenta es la capacidad del modelo para simular el proceso necesario que debe resolver.

Como ejemplo, considere una calculadora de beneficios.

Las empresas se preguntan cuántas piezas de sus productos se han vendido y cuánto beneficio obtendrán el año que viene.

El beneficio suele calcularse multiplicando el número de productos vendidos por el precio de un artículo, menos los gastos. Intentemos expresarlo con palabras.

(Precio de venta - Coste unitario) = unidades vendidas

Conocemos el precio de un solo artículo, pero hay dos factores desconocidos en esta ecuación: el número de artículos vendidos y el beneficio.

El siguiente paso es calcular cuántos productos se venderán.

Entrada de simulación

Es tan crucial entender los insumos como diseñar el modelo de cálculo. Un modelo no puede proporcionar resultados adecuados si las entradas no son correctas. Hay muchos métodos para determinar las entradas, pero ninguno de ellos es perfecto. Predecirlos sería un análisis mucho más sencillo si existiera una técnica impecable para hacerlo.

Desaconsejamos el uso de los típicos métodos deterministas que se basan en ciertos supuestos básicos. En ambos casos, una técnica estocástica proporcionará resultados más fiables. Un método estocástico se basa en la colección de variables aleatorias. Estas variables aleatorias pueden utilizarse tal cual o con cálculos adicionales para producir entradas.

Se produce una nueva variable aleatoria y se utiliza como entrada para cada simulación. Con un número suficiente de ejecuciones, la aleatoriedad entre los resultados se reduce y pasa a ser significativa. Para crear números aleatorios en una simulación de Excel, puede utilizar una de estas dos fórmulas:

- RANDBETWEEN (bottom, top): donde entre los parámetros bottom y top, da un número aleatorio.
- RAND: proporciona un conjunto de números enteros generados aleatoriamente que son mayores o equivalentes a cero y menores que 1.

Con cada cálculo, estas funciones devuelven un valor diferente. Puede utilizar la tecla F9 para volver a ejecutar todos los cálculos de la hoja de cálculo y observar cómo se comportan.

En cambio, una colección de números completamente aleatorios no es una situación realista.

Puede utilizar los resultados de las funciones RAND para producir números enteros en una determinada distribución de probabilidad en lugar de entregarlos.

Una función de probabilidad es una función estadística que calcula las probabilidades de varios resultados potenciales en una serie de cálculos.

Simulaciones de trabajo

Ya hemos examinado los fundamentos de un modelo de datos y cómo generar variables de entrada aleatorias utilizando una distribución de probabilidad. Las simulaciones estocásticas, por su parte, pueden resultar útiles tras ejecutarse muchas veces.

Según el modelo, "muchos" puede significar 1000 o más en este contexto. Por consiguiente, pulsar F9 para recalcular el libro de Excel no es una forma realista de obtener resultados simulados en este momento.

MS Excel Solver

La capacidad de resolver, al igual que el objetivo principal Seek, realiza cálculos de forma iterativa. Excel Solver utiliza la iteración para probar una solución, evaluar los resultados, probar otro remedio, y así sucesivamente. Sin embargo, la repetición cíclica de Solver no se basa sólo en especulaciones. Eso sería ridículo. Excel Solver, por su parte, estudia cómo difieren los resultados con cada iteración sucesiva y, utilizando algunos procedimientos matemáticos avanzados (que, afortunadamente, tienen lugar en segundo plano y pueden ignorarse), puede decidir normalmente en qué dirección debe ir la respuesta.

Soluciones para mejorar es una función sofisticada que la mayoría de los usuarios de Excel nunca utilizarán. Utilizar Solver para calcular el beneficio neto dados datos constantes de ventas y gastos, por ejemplo, sería exagerado. Muchos problemas, en cambio, necesitan la técnica Solver.

Rangos nominados

Una hoja de cálculo normal puede incluir muchas fórmulas, y hacer un seguimiento de todos los rangos de celdas que necesitan estos cálculos puede resultar difícil. Puede dar a cada rango de celdas un nombre más natural y descriptivo y luego utilizar ese rango en sus cálculos para facilitar las cosas.

Sólo tiene que elegir un rango de celdas o una celda y, a continuación, poner el nombre necesario en el cuadro Nombre para establecer un rango con nombre. Ahora puedes referirte a ese rango de celdas por su nuevo nombre siempre que quieras.

Creación de Sparklines y sus usos

Las Sparklines, a diferencia de los gráficos de una hoja de cálculo de Excel, no son objetos, sino gráficos en miniatura en el fondo de una celda.

Piense en la siguiente situación: ha recibido los datos de los alumnos de los últimos cinco años y quiere hacer un gráfico en una hoja de cálculo, lo que lleva mucho tiempo.

Pero en este escenario hay minigráficos en las celdas individuales, estarás pensando. Esto es lo que puedes hacer.

¿Alguna vez has visto una hoja de datos en Excel y has querido comprobar rápidamente la tendencia de los datos? Las Sparklines son una gran técnica para demostrar patrones o cambios en una gran cantidad de datos en un área pequeña.

Excel 2010, 2013, 2016 y otras versiones ofrecen una gran herramienta llamada sparklines que le permite construir sparklines o mini gráficos dentro de una sola columna de Excel.

Las Sparklines pueden añadirse a cualquier celda y mantenerse directamente junto a los datos.

De este modo se pueden visualizar fácilmente los datos línea por línea. Es simplemente otro método maravilloso de utilizar Excel para examinar datos.

Aunque los datos mostrados en una columna o fila pueden ser valiosos, las tendencias pueden ser difíciles de discernir a primera vista.

Intentar colocar sparklines junto a los datos ayuda a contextualizar estos valores.

Un sparkline puede ilustrar las previsiones de ventas sobre datos vecinos dentro de un análisis visual claro en una región limitada.

Aquí se puede observar fácilmente el vínculo entre el sparkline y sus datos subyacentes, y se pueden visualizar los cambios en ejecución para mejorar en cuanto cambien los datos.

- Crear una tabla en Excel

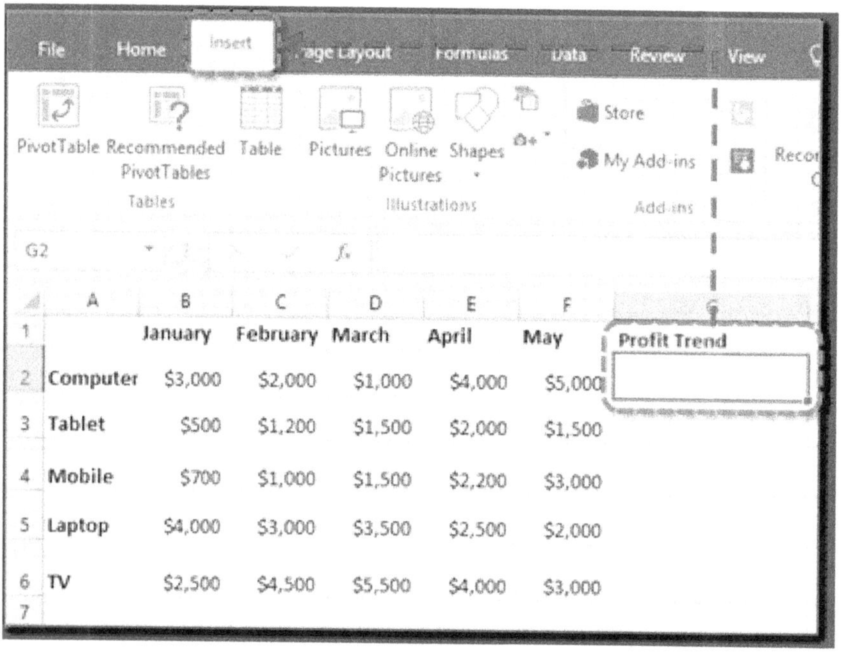

- Ve a la pestaña Insertar y haz clic en la celda G2, donde necesitas que aparezca la línea de luz.

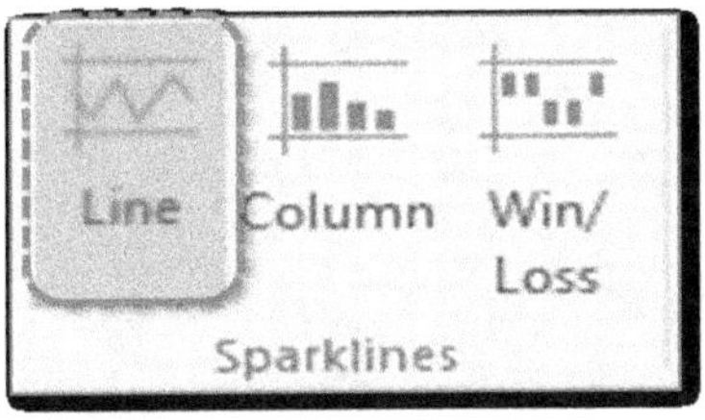

- En un grupo, haga clic en "Línea".

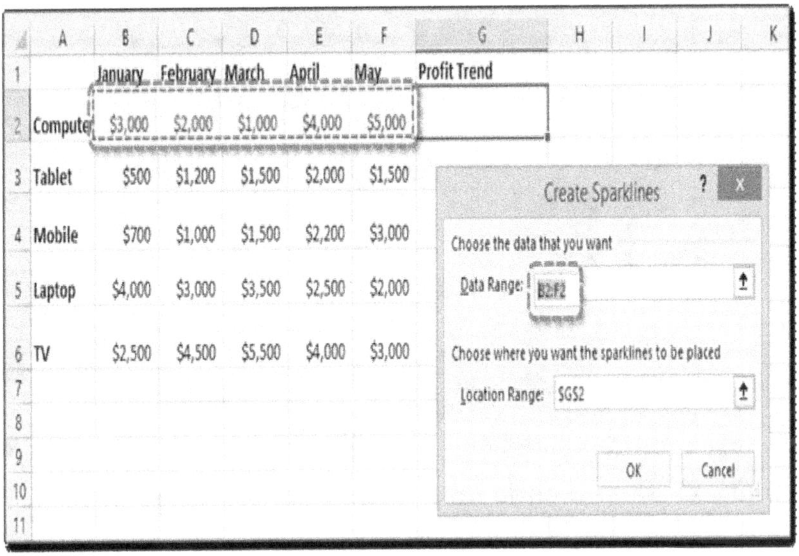

- Aparecerá el cuadro de diálogo "Crear Sparklines".
- A continuación, seleccione el intervalo B2: F2, fila en Rango de datos.
- Después de eso, haga clic en Aceptar para obtener Sparklines en Excel.

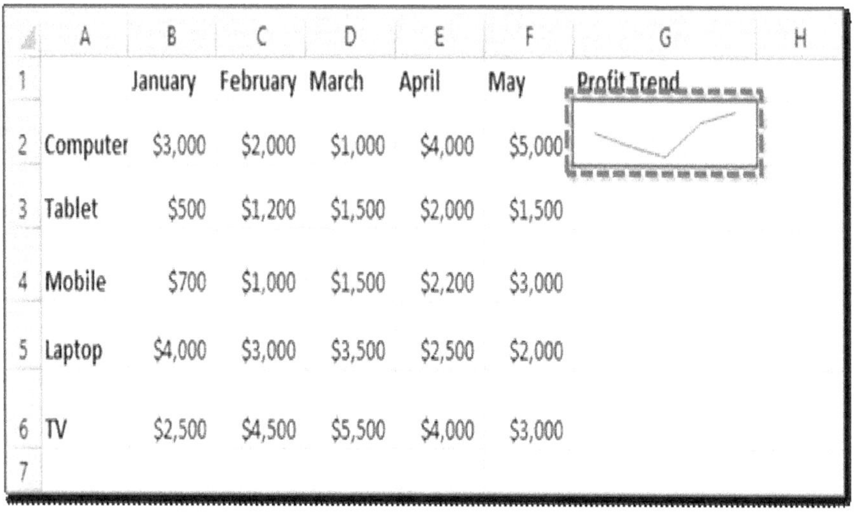

	A	B	C	D	E	F	G	H
1		January	February	March	April	May	Profit Trend	
2	Computer	$3,000	$2,000	$1,000	$4,000	$5,000		
3	Tablet	$500	$1,200	$1,500	$2,000	$1,500		
4	Mobile	$700	$1,000	$1,500	$2,200	$3,000		
5	Laptop	$4,000	$3,000	$3,500	$2,500	$2,000		
6	TV	$2,500	$4,500	$5,500	$4,000	$3,000		
7								

Siguiendo estos pasos, se pueden crear sparklines.

5: VBA, macros y sincronización de datos con OneDrive en MS Excel

Macro

Las macros se utilizan sobre todo para automatizar tareas. Se encuentran en la pestaña de desarrolladores. Tienes que hacer clic en la macro y luego darle un nombre que puedes editar si quieres cambiarlo.

Una macro de MS Excel es una secuencia de tareas que puedes grabar, etiquetar, guardar y ejecutar tantas veces como quieras y en cualquier momento. Tareas que se repiten de forma rutinaria e incluyen las mismas acciones.

- Las macros, utilizadas en Excel, son la forma más básica de automatización de tareas.

- Extremadamente útil para reducir el tiempo dedicado a una tarea concreta, ya que puede completarse con un solo toque.
- La gente suele registrar los macronutrientes en Excel para realizar tareas específicas y luego simplemente pulsa el botón de reproducción, lo que permite a Excel completar la tarea en muy poco tiempo.
- Las opciones de macros se encuentran en la pestaña desarrollador de cualquier hoja de Excel.
- Si no ves la pestaña Desarrolladores, ve a Configuraciones y actívala.

VBA

VBA (Visual Basic for Applications) es el lenguaje de programación utilizado en Excel y otros programas de Microsoft Office; es un componente del software Visual Basic heredado de Microsoft Company (NASDAQ: MSFT), que se creó para ayudar a desarrollar el programa Windows.

Los programas de Microsoft Office como Outlook, Excel, Publisher, PowerPoint, Word y Visio utilizan Visual Basic para Programas como lenguaje de programación interno.

Al manipular funciones de la interfaz gráfica de usuario como barras de herramientas y menús, cuadros de diálogo y formularios, VBA permite a los usuarios personalizar más allá de lo que suelen ofrecer las aplicaciones de presentación de MS Office (VBA no es un programa independiente).

VBA permite crear funciones definidas por el usuario (UDF), acceder a las interfaces de programación de aplicaciones (API) de Windows y optimizar procesos y cálculos informáticos especiales.

Ventajas

Excel permite automatizar casi cualquier tarea. Esto se consigue escribiendo instrucciones para que Excel las siga. Utilizar VBA para automatizar una tarea tiene numerosas ventajas:

- Excel siempre completa la tarea de la misma manera. (La coherencia suele ser positiva).
- Excel puede hacer el trabajo mucho más rápido que tú (a menos que seas Clark Kent, claro).
- Excel siempre realiza la operación sin problemas si eres un experto escritor de macros (lo que desde luego no es tu caso, ni el mío, por muy diligentes que seamos).
- Si la configura correctamente, incluso alguien que no esté familiarizado con Excel puede ejecutar la macro y completar la tarea.
- Excel te permite hacer cosas que de otro modo serían imposibles, convirtiéndote en una persona popular en el trabajo.
- No tiene por qué sentarse frente al ordenador y aburrirse con tareas largas y repetitivas. Mientras usted se toma un café, Excel hace el trabajo.

Sin embargo, antes de empezar a escribir código, debe conocer los conceptos básicos de VBA. He aquí algunos conceptos básicos que le ayudarán a empezar:

1. **Variable**

Las variables son posiciones de memoria. Trabajar con VBA requiere que declare variables como si estuviera escribiendo una expresión matemática. Recuerda tus clases de álgebra en el colegio, cuando tenías que hallar (x+2y) donde x es igual a 1 e y es igual a 3. En esta expresión, las variables son x e y, que pueden cambiarse fácilmente por, por ejemplo, 4 y 2.

2. **Cómo crear variables**

En primer lugar, debe tener cuidado de no utilizar palabras reservadas, que son palabras que tienen un significado especial separado en VBA y no se pueden utilizar como nombres de variables.

En segundo lugar, cuando utilices un nombre de variable asegúrate de que no contiene espacios. Por lo tanto, no se puede nombrar una variable "primer número", pero sí "primerNúmero" o "primer_número".

En tercer lugar, debe utilizar nombres descriptivos en lugar de nombres aleatorios. Utilice nombres descriptivos como precio, cantidad, subtotal, etc. De este modo, su código VBA será fácil de leer.

Debes utilizar **operadores:**

- Cuando se trate de expresiones que apliquen varios operadores aritméticos, no olvide consultar las reglas de división multiplicación suma y resta (BODMAS). Así, puedes utilizar + para sumar, - para restar, * para multiplicar y / para dividir.

- Aplicar operadores lógicos como IF, AND, OR, NOT, TRUE y FALSE.

Para **empezar a trabajar con VBA,** la pestaña Desarrollador debe estar activada. Para ello, siga los pasos que se indican a continuación:

1. Abrir una nueva hoja de cálculo
2. Pulsar el botón de inicio de una cinta
3. Seleccione cuidadosamente sus opciones
4. Pulse en personalizar cinta
5. Seleccione la casilla de desarrollador como en la imagen siguiente
6. Pulse OK para confirmar.
7. Puede empezar utilizando la pestaña Desarrollador de la cinta de opciones

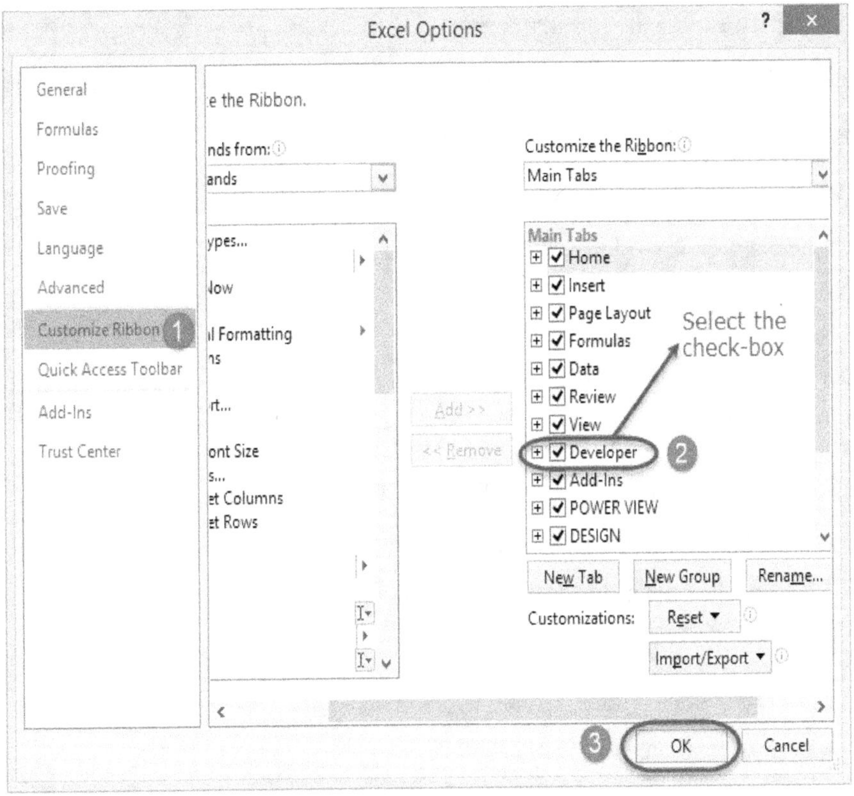

Puede empezar a programar en el lenguaje de programación VBA de Excel. Cada programa VBA comienza con 'Sub' y tiene un 'End sub'. El nombre sub implica el nombre que quiere dar a su programa, y sub significa subrutina.

```
Sub name()
.
.
.
End Sub
```

A continuación le mostraremos cómo crear un sencillo programa VBA que mostrará un cuadro de entrada que pedirá el nombre del usuario y luego mostrará un mensaje con un saludo.

Antes de seguir los pasos que se indican a continuación, asegúrese de haber activado la pestaña Desarrollador en Excel:

- Crear una nueva hoja de cálculo
- Guárdela en formato *.xlsm, que es un formato de hoja de cálculo de Excel habilitado para macros.
- Abrir la pestaña Desarrollador
- Pulse el botón Insertar y verá un cuadro desplegable debajo de la barra de la cinta de control
- Pulsa el botón de control (puedes verlo en la siguiente foto)

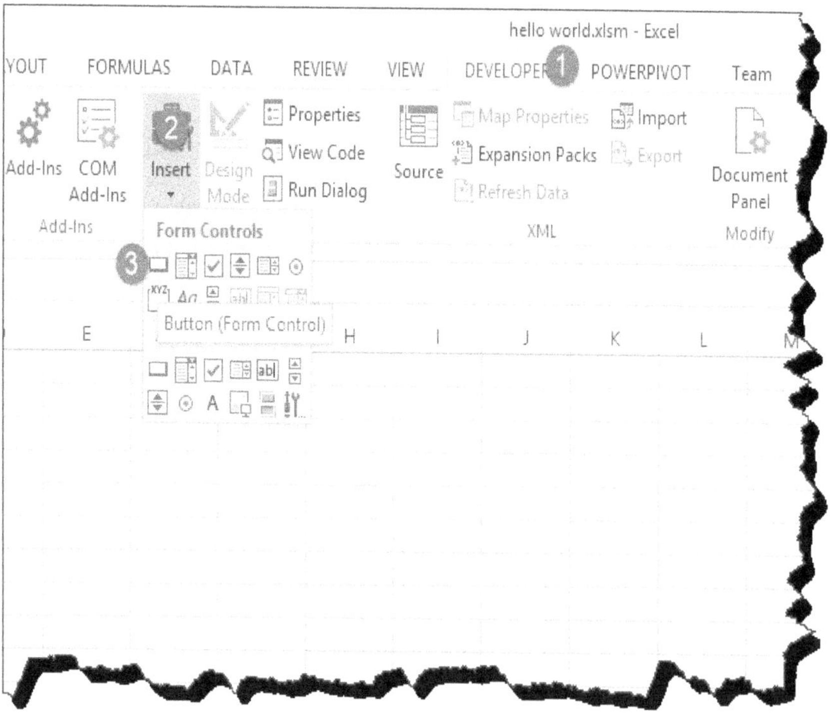

- A continuación, dibuja un botón de comando en cualquier lugar de la hoja. Aparecerá el siguiente cuadro de diálogo:

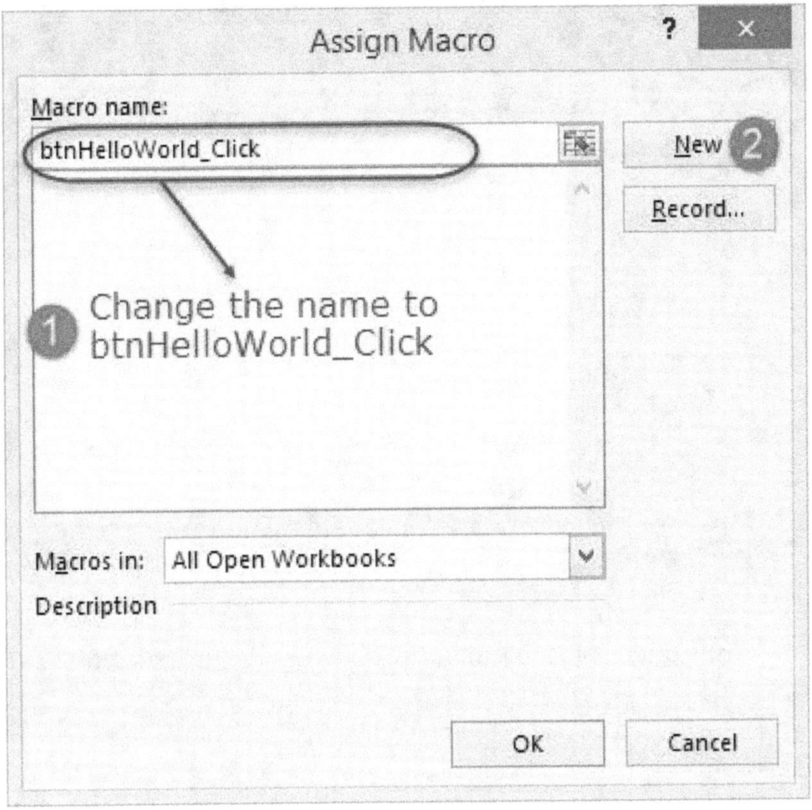

- Cambiar el nombre de la macro a btnHelloWorld_Click
- Pulse sobre nuevo y podrá ver la siguiente ventana de código VBA

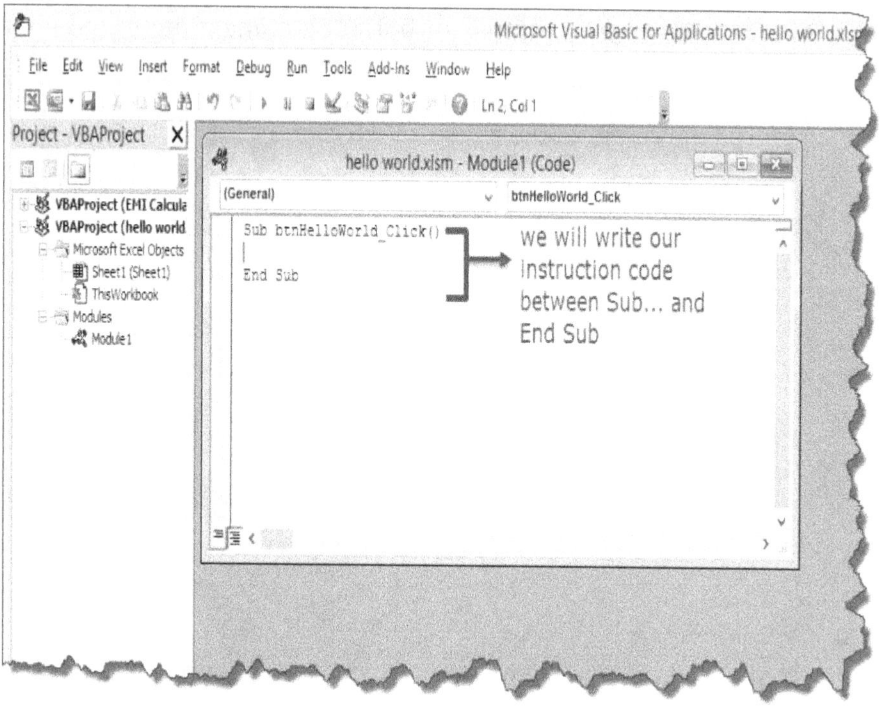

- Introduzca los siguientes códigos de instrucción en el cuadro de diálogo

```
Dim name As String
name = InputBox("Enter your name")
MsgBox "Hello " + name
```

Qué significan estos códigos de instrucciones:

- "Dim nombre como String" se utiliza para crear una variable llamada nombre. Aceptará tanto texto como números y algunos otros caracteres, ya que lo hemos creado como una cadena.

- "nombre" = InputBox("Introduce tu nombre")" utilizará la función llamada InputBox, una función ya introducida que puede mostrar una ventana con el título Introduce tu nombre. El nombre introducido se almacenará en el nombre de la variable.
- "MsgBox 'Hola' + nombre" utiliza la función MsgBox existente que ayudará a mostrar Hola y el nombre introducido.
- Una vez realizados todos los pasos descritos anteriormente, verá una ventana de código como la siguiente:

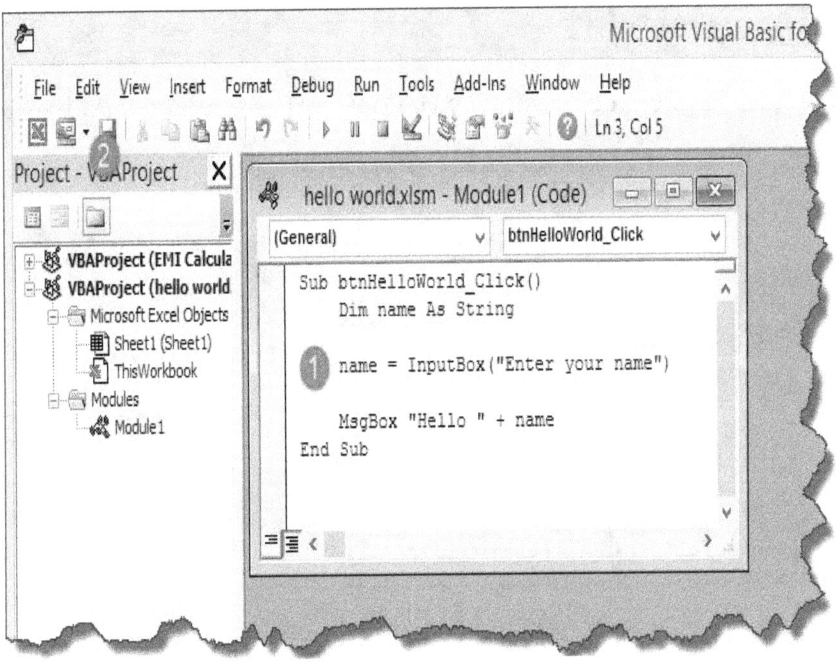

- Ahora puedes cerrar la ventana de código
- Puede editar el texto haciendo clic con el botón derecho del ratón en el botón 1

- A continuación, escribe las palabras Say Hello

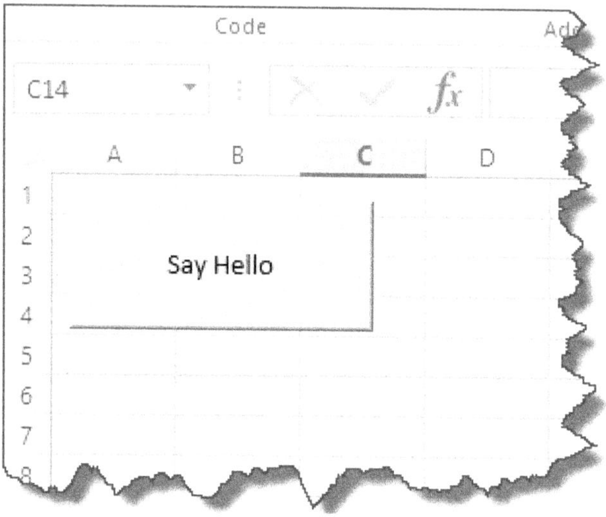

- Haga clic en el botón Say Hello y verá el siguiente cuadro de entrada

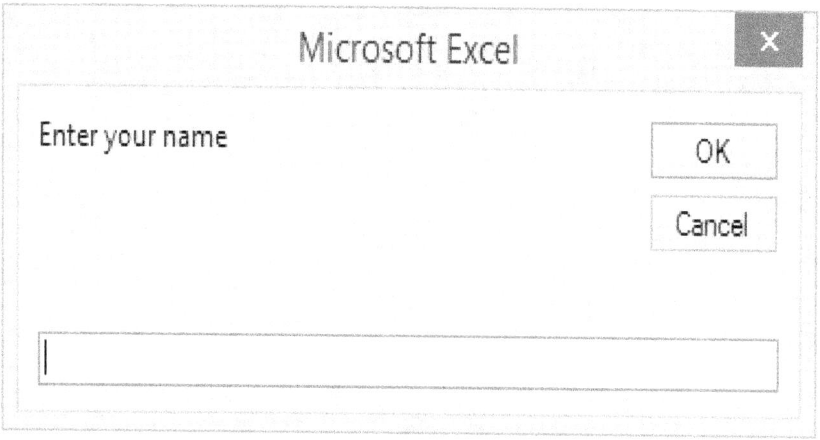

- Empieza a escribir tu nombre, por ejemplo, Jordan
- Verá el siguiente cuadro de mensaje

Después de este paso podemos felicitarte porque ¡acabas de crear tu primer programa VBA de Excel!

Sincronización con OneDrive

Microsoft Excel, a diferencia de Google Sheets, no permite el guardado automático por defecto.

Si tienes una suscripción a Office365, puedes solucionar este problema de forma sencilla.

Le mostraremos cómo guardar automáticamente los libros de Excel Spreadsheets en OneDrive.

Esta solución te asegura que no tendrás trabajo inacabado en tus libros de MS Excel si sigues pulsando "Control+s" cada varios segundos.

Funciona guardando tus hojas de cálculo en OneDrive aunque sigas trabajando en ellas.

Activar el guardado automático de archivos

Haga clic primero en el archivo

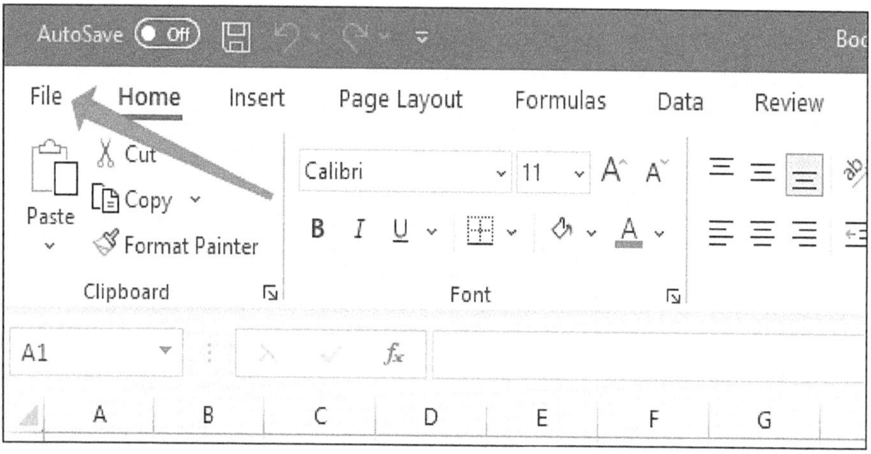

Haz clic en "Siguiente".

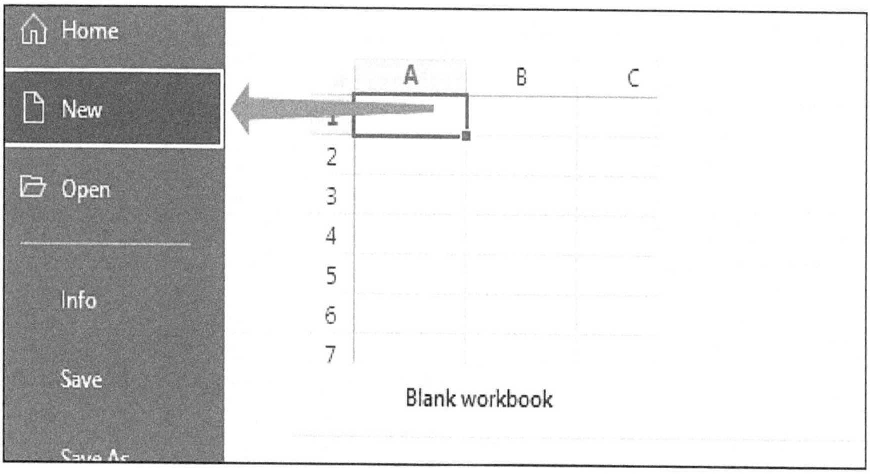

Active el botón de autoguardado como se muestra en la imagen

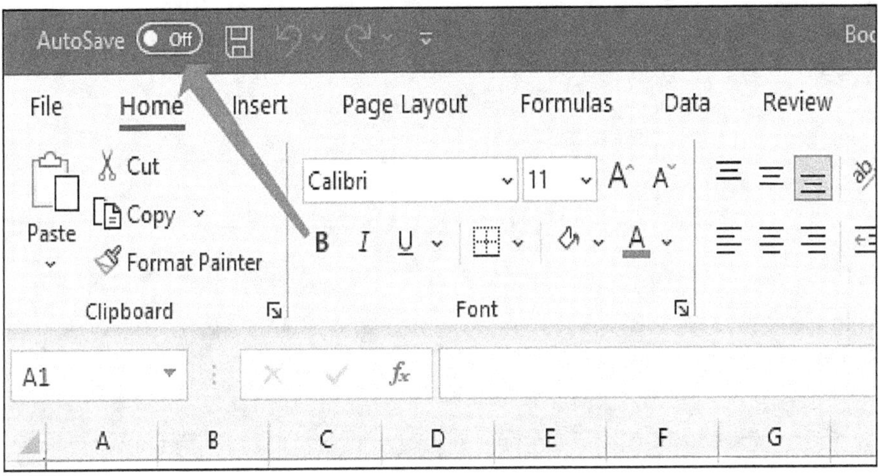

Aparecerá una ventana emergente

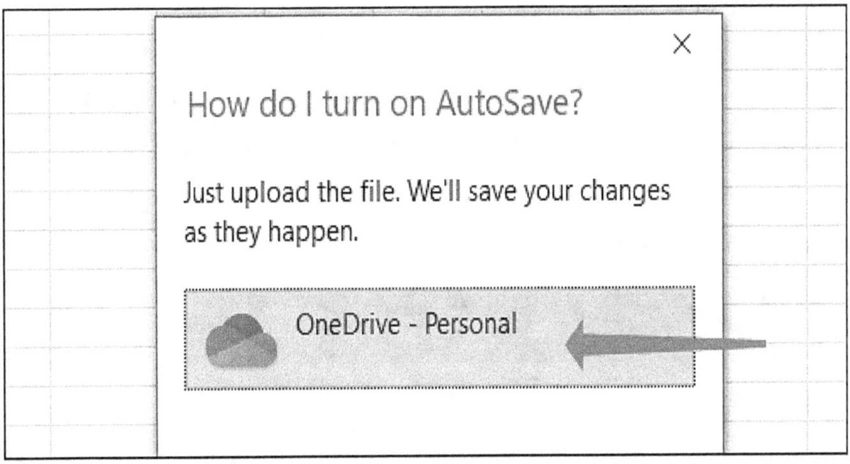

Después de hacer clic en OneDrive, tienes que nombrar tu archivo y guardarlo.

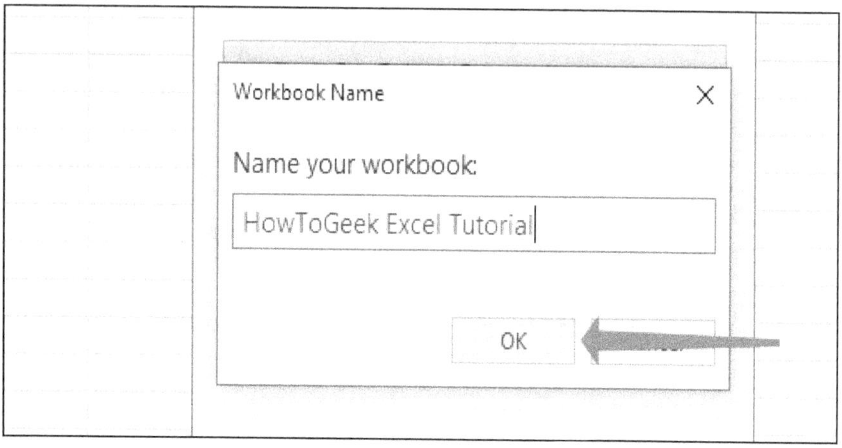

A partir de ahora, Excel seguirá guardando los cambios realizados en esta hoja de cálculo.

Sólo tendrás que activar el autoguardado una vez cada vez que abras una nueva hoja de cálculo de Excel, y ya no tendrás que guardarla. Es importante recordar que el guardado automático y la sincronización de estos libros de trabajo entre dispositivos requiere una conexión a Internet.

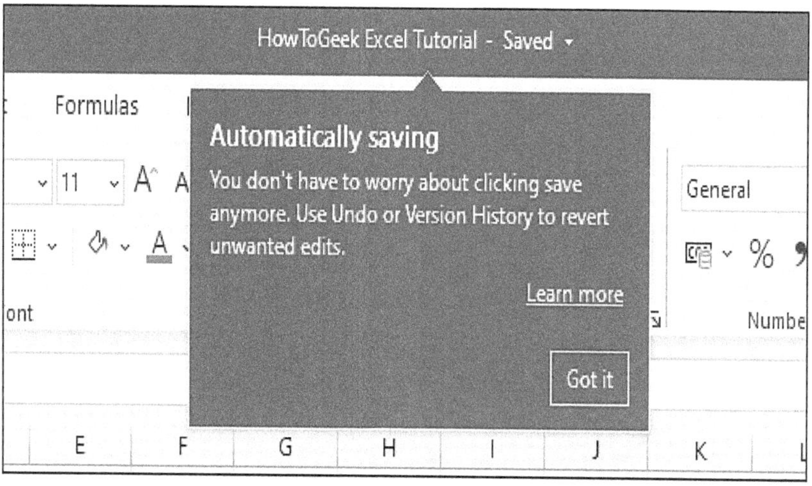

Capítulo 4:

Cosas que puedes hacer con MS Excel

Hay cientos de cosas que puedes hacer con MS Excel. Algunas de ellas se explican en este capítulo.

1: Planificación, introducción de datos y listas

Planificación

Los jefes de proyecto que trabajan en proyectos pequeños o medianos suelen utilizar Microsoft Excel como herramienta básica de gestión de proyectos para ayudar a visualizar, planificar y seguir el progreso. Utilizando hojas de cálculo que contengan columnas, incluidas las fechas de inicio y fin de cada trabajo, los jefes de proyecto pueden planificar cada tarea. La mayoría de las empresas utilizan hojas de cálculo para hacer un seguimiento de los ingresos, los gastos y los gastos generales, es decir, de todo lo que hace una empresa para gestionar su presupuesto.

A continuación se presentan algunas de las funciones de MS Excel relacionadas con la planificación:

- Plantilla de informe de situación del proyecto
- Modelo de diagrama de Gantt
- Modelo de estructura de desglose del trabajo
- Plantilla de lista de tareas
- Modelo de plan de acción
- Modelo de registro de riesgos

- Formulario de solicitud de cambio
- Modelo de seguimiento
- Hoja de cálculo del tiempo del proyecto
- Modelo de presupuesto del proyecto

Siguiendo estas funciones de MS Excel podrás planificar tu proyecto.

Entrada de datos

Al introducir datos manualmente en Excel, tiene varias posibilidades. Puede introducir datos en una sola celda, en varias celdas a la vez o en varias hojas de cálculo. Puede introducir números, palabras, fechas o duraciones (intervalos de tiempo) como datos.

Los datos pueden formatearse de varias maneras. También hay una serie de parámetros que pueden modificarse para facilitar la introducción de datos. También puede utilizar la capacidad de Excel para insertar los mismos datos en numerosas celdas o regiones de celdas en una sola acción.

- La introducción de datos se limita a un determinado rango de celdas (esto sólo se aplica si está generando una tabla normal de datos y sabe de antemano cuántas columnas y filas necesitará).
- Trabajar con métodos de segmentación permite introducir datos en varias hojas de trabajo del mismo libro al mismo tiempo (esto sólo se aplica a las hojas de trabajo con varias hojas de trabajo que tienen todas el mismo diseño -disposición en la página de los elementos)- y los mismos datos).

Directorios

Una lista es una colección de datos enlazados en forma de filas. Cuando necesites organizar grandes volúmenes de estadísticas fiables, como una base de datos de nombres y direcciones, puedes utilizar listas.

Una lista se crea del mismo modo que una hoja de cálculo. Colocando datos en las celdas, puede rellenar una lista con información.

Aunque puede cambiar los elementos de una lista después de haberla creado, es importante diseñar sus listas antes de empezar a introducir datos.

Empiece por decidir los nombres de las columnas que desea utilizar, el tipo de salida que desea y cómo desea mostrar u organizar los datos en su base de datos.

Si realmente necesita filtrar la lista por apellidos, por ejemplo, asegúrese de añadir un campo para esos apellidos. Los registros y los campos forman una lista.

Una fila de la lista corresponde a un registro, que es una colección de datos enlazados.

Se trata de datos alfanuméricos que pueden incluir el nombre, la localidad, el código postal y el número de teléfono de una persona, por ejemplo.

Los registros se dividen en campos según las columnas de la lista y se nombran utilizando las etiquetas de las columnas como guía.

2: Informes, cuadros de mando y visualizaciones

1: Informe

Puede crear un informe en MS Excel utilizando los datos disponibles. Una vez elegidos los datos, basta con ir a la opción "Insertar" de la barra de herramientas superior del programa Excel. Puede elegir entre dos alternativas pulsando la flecha hacia abajo. Al hacer clic en PivotTable, aparece un cuadro que le permite ajustar el alcance de los datos y otros parámetros, así como especificar si desea incluir la PivotTable.

2: Cuadro de mandos

Un cuadro de mando es una representación de datos en formato visual. Es un procedimiento en el que se pone todo el empeño en hacer más comprensibles y manejables los datos difíciles mediante el uso de herramientas visuales. Existen diversas herramientas de Excel que pueden utilizarse para crear un cuadro de mando. He aquí algunos ejemplos: Histogramas, gráficos circulares, gráficos de barras, gráficos de líneas, tablas pivotantes, gráficos combinados, KPI, slicers, etc. Estas son las tecnologías que se pueden utilizar para construir un cuadro de mando y organizar los datos de forma que sean fáciles de entender.

Para crear un Cuadro de Mando Excel, primero debe construir una tabla dinámica con los datos.

Debe haber una tabla dinámica distinta para cada gráfico. A continuación, arrastre la tabla dinámica a su posición y cree tantos gráficos como sea necesario.

Después de construir y etiquetar cada gráfico, puede utilizar la parte Gráfico del menú Insertar para crear varios gráficos utilizando diferentes tipos de gráficos.

Recorte todos los gráficos de sus hojas individuales y colóquelos en la hoja final del Cuadro de Mando una vez elaborados. También puede incluir las rebanadoras en el cuadro de mandos final.

3: Visualizaciones

Le mostraremos cómo utilizar diferentes gráficos para comprender mejor las capacidades de visualización de datos de Excel.

Esto le ayudará a comprender cómo crear estas visualizaciones en Excel y cómo utilizarlas para obtener información a partir de los datos.

Debido a sus extraordinarias capacidades de visualización de datos, Excel se utiliza habitualmente para el análisis de datos.

La función de visualización de datos de Excel permite crear representaciones significativas.

En Excel, cada gráfico tiene su propio significado. Excel tiene una variedad de gráficos integrados que pueden utilizarse para un uso aún más eficaz de los datos.

Gráfico lineal

Este gráfico puede utilizarse para identificar tendencias.

Por ejemplo, en este escenario, disponemos de datos trimestrales de 2 ciudades y analizaremos la evolución de sus ventas a lo largo del tiempo.

Para crear un gráfico de líneas, elija primero los datos y después el gráfico de líneas apropiado, como se muestra a continuación.

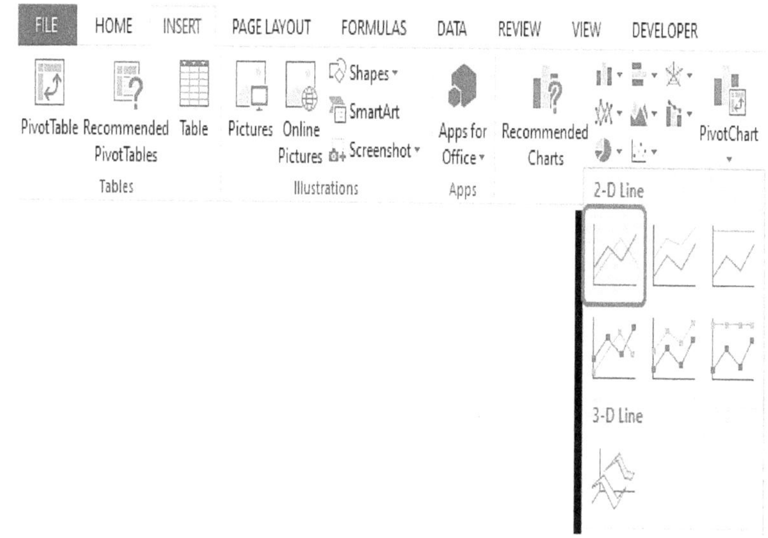

Siguiendo los pasos anteriores se obtendrá un gráfico de líneas, como se ilustra en la imagen siguiente.

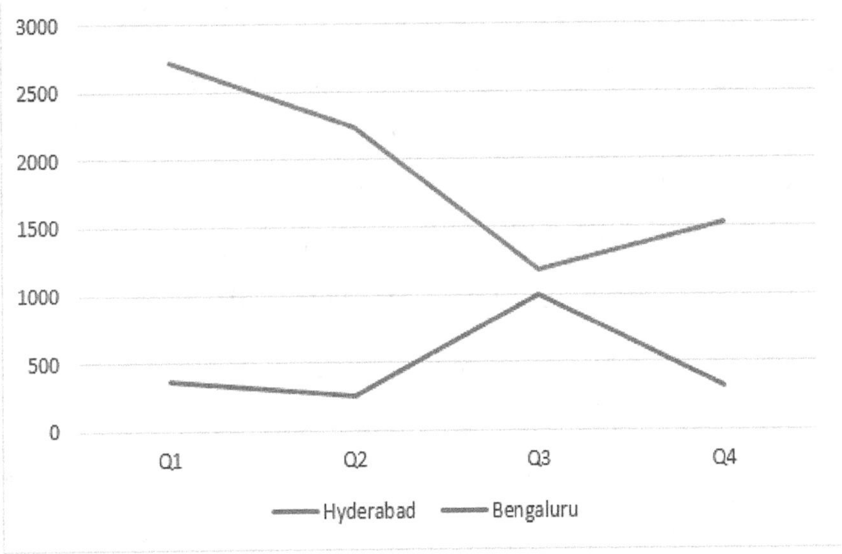

Gráfico de columnas

Se trata de un gráfico sencillo que muestra los datos en forma de líneas verticales.

Para crear un gráfico de columnas, elija primero los datos y, a continuación, en la opción Gráfico de columnas, seleccione la opción deseada, como se muestra a continuación.

Como puede ver en el módulo Gráfico, hay muchas posibilidades entre las que elegir, y debe seleccionar la más adecuada.

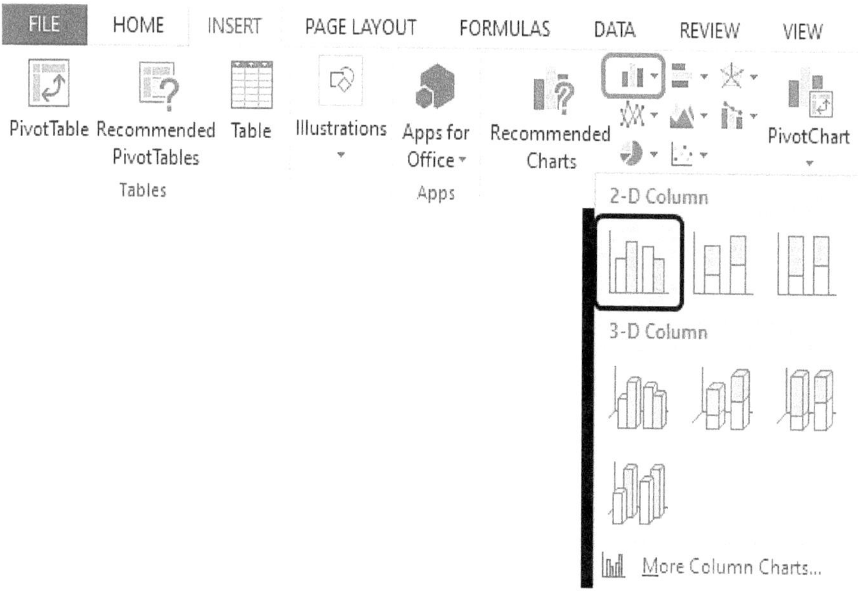

Cuando se sigue la técnica anterior, se forma un gráfico de columnas, como se ilustra en la imagen siguiente.

Se trata de un sencillo gráfico de columnas que muestra las ventas totales por zonas. El gráfico puede tener cualquier formato.

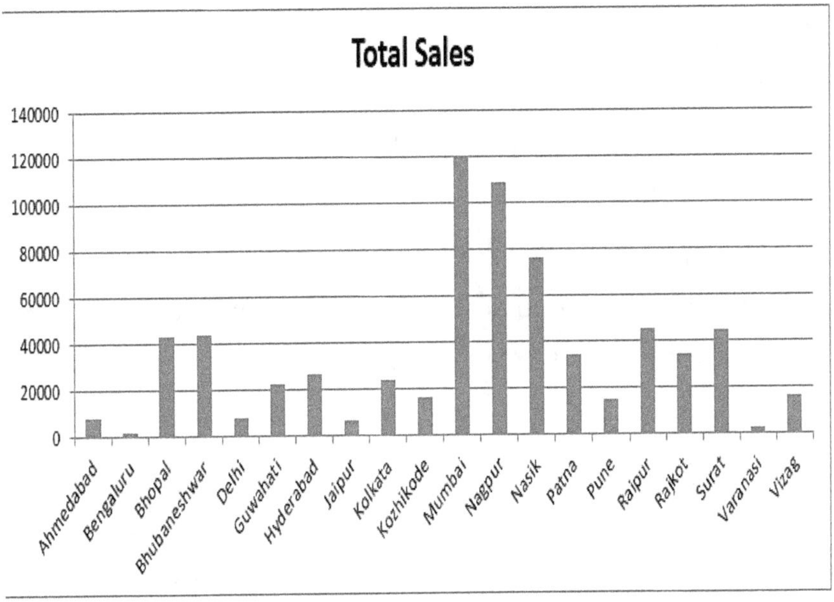
Total Sales
140000
120000
100000
80000
60000
40000
20000
0
Ahmedabad
Bengaluru
Bhopal
Bhubaneshwar
Delhi
Guwahati
Hyderabad
Jaipur
Kolkata
Kozhikode
Mumbai
Nagpur
Nasik
Patna
Pune
Raipur
Rajkot
Surat
Varanasi
Vizag

Gráfico circular

Un gráfico circular representa la contribución de categorías individuales; por ejemplo, podríamos utilizar uno para determinar el % de contribución de cada trimestre a las ventas totales.

Para crear un gráfico circular, elija primero las columnas que desea utilizar y, a continuación, haga clic en la opción de gráfico circular deseada del menú Circular, como se muestra a continuación.

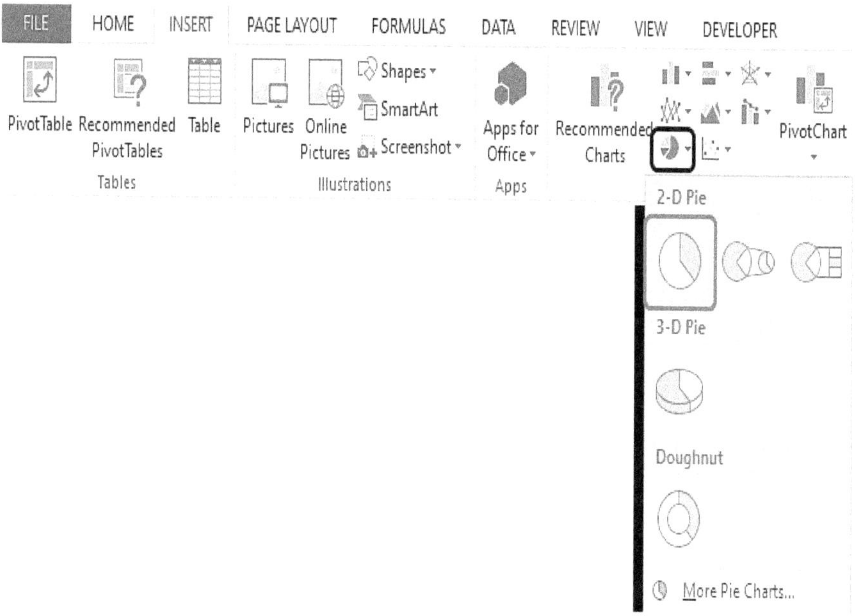

Como consecuencia de seguir la técnica anterior, se crea un gráfico circular.

Como se ve a continuación, el gráfico circular ofrece una rápida representación visual del porcentaje de contribución.

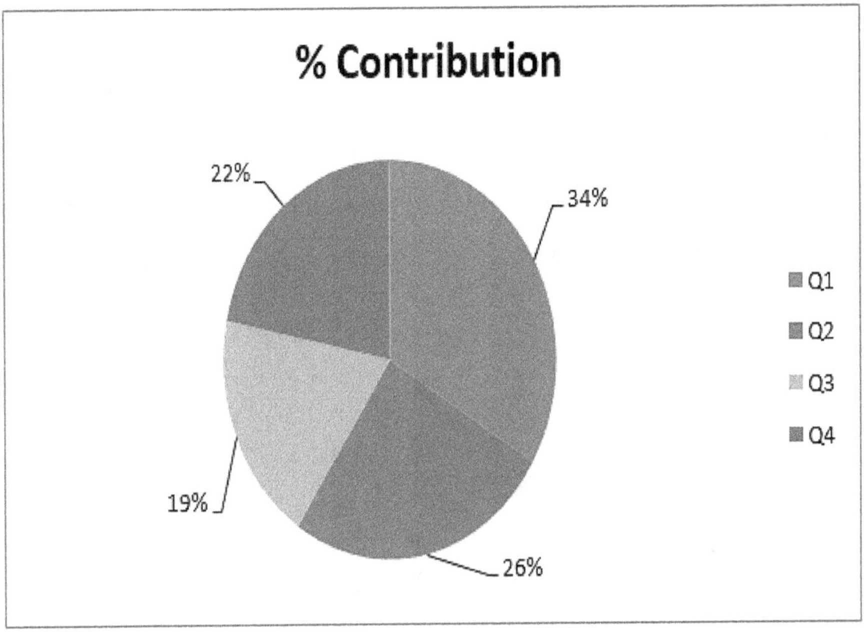
% Contribution
22%
34%
19%
26%
Q1
Q2
Q3
Q4

Cuadro de áreas

Este gráfico representa la evolución de una métrica para diferentes categorías a lo largo del tiempo.

Los datos se muestran en el gráfico mediante áreas. Construimos un gráfico de áreas siguiendo los procedimientos que se muestran en la imagen siguiente.

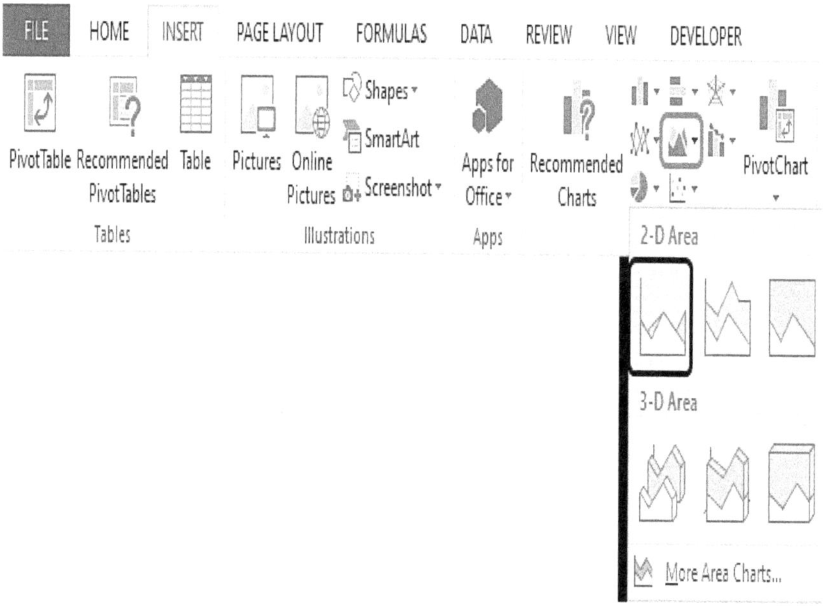

Como puede ver, primero elegimos el intervalo deseado y después la opción Gráfico de área del menú Área.

Como resultado, obtuvimos el siguiente gráfico, como puede verse en la captura de pantalla.

El gráfico de la región ofrece una visión rápida del comportamiento de las ventas de las tres ciudades en los distintos trimestres.

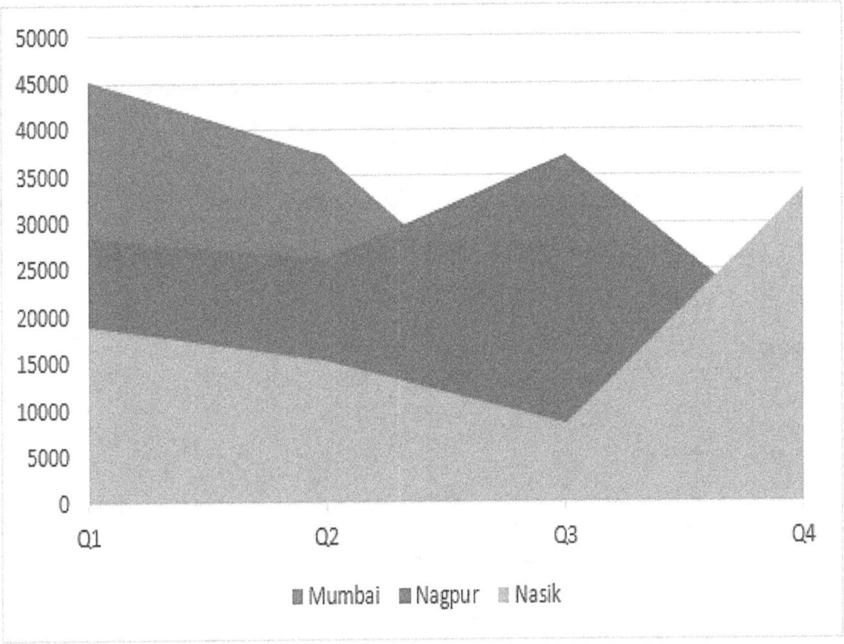
50000
45000
40000
35000
30000
25000
20000
15000
10000
5000
0
Q1
Q2
Q3
Q4
Mumbai
Nagpur
Nasik

Gráfico de barras

Este gráfico es similar a un gráfico de columnas, salvo que en lugar de columnas se obtienen barras horizontales.

Seleccione la opción de gráfico de barras deseada en la opción Barra para crear una barra horizontal, como se ve en la imagen siguiente.

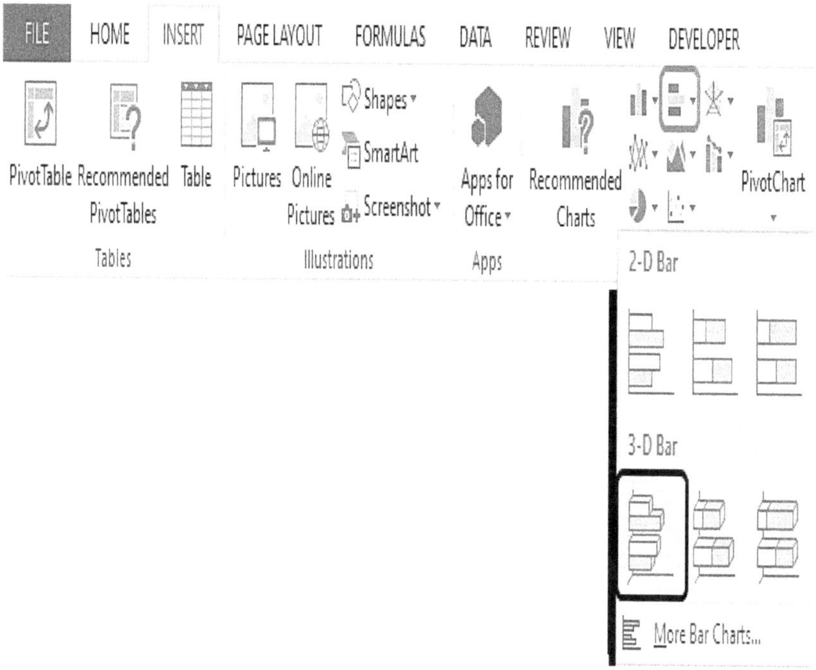

Elegimos la barra de conglomerados en 3-D, como se muestra en la imagen anterior, lo que dio como resultado un gráfico de barras de conglomerados en 3-D, como se ve en la imagen siguiente.

Podemos comparar los ingresos de tres ciudades a lo largo de cuatro trimestres utilizando esta imagen.

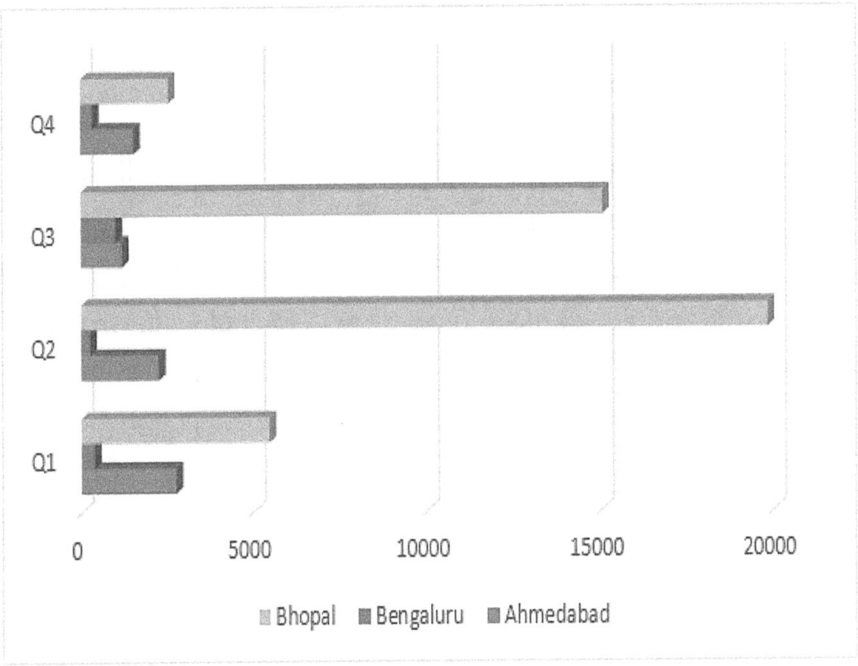

Hay muchos otros tipos de gráficos disponibles para las visualizaciones.

3: Análisis de datos, base de datos, balance y cuenta de pérdidas y ganancias

1: Análisis de datos

La analítica es una forma de limpiar, procesar y analizar datos brutos para extraer información útil y relevante que pueda ayudar a las organizaciones a tomar mejores decisiones. Reduce los riesgos asociados a la toma de decisiones proporcionando información y hechos útiles, que a menudo se visualizan en forma de gráficos, fotografías y tablas. El análisis de datos abarca la recopilación, organización y almacenamiento de datos, así como las técnicas y procesos utilizados para profundizar en los datos, incluidos los utilizados para transmitir los resultados, como las herramientas de visualización de datos. El análisis de datos, por su parte, se ocupa de transformar los datos brutos en estadísticas e interpretaciones pertinentes.

La visualización de datos es un tema multidisciplinar relacionado con la representación gráfica de datos. Es una forma especialmente eficaz de expresar grandes cantidades de datos. La cartografía muestra cómo cambian las características de estos componentes en función de los datos. En este sentido, un gráfico de barras es una proyección de la magnitud de una variable a la distancia de una barra. Dado que el estilo gráfico de la cartografía puede influir negativamente en la interpretación de un gráfico, la cartografía es un componente fundamental de la visualización de datos.

El análisis de los datos consta de los siguientes elementos:

- Recogida de datos
- Especificación de los requisitos de datos
- Proceso de datos `
- Análisis de datos
- Limpieza de datos
- Comunicación de datos

El análisis de datos es una habilidad importante que puede ayudarle a tomar mejores decisiones.

Los gráficos y tablas integrados son la herramienta analítica más común de Microsoft Excel, que es uno de los productos de análisis de datos más utilizados.

Con Microsoft Excel puedes explorar y evaluar datos de distintas formas.

La información puede proceder de diversas fuentes. Se puede acceder a los datos de diversas formas y conversiones.

Para analizar tus datos, puedes utilizar:

- Gamas
- Formato condicional
- Tablas
- Funciones de fecha
- Funciones de texto
- Funciones temporales

- Funciones financieras
- Análisis rápido
- Subtotales
- Revisión de la fórmula
- Análisis de eventualidades
- Información sobre el instrumento
- Solucionadores
- Modelo de datos
- PowerView
- PowerPivot
- PowerMap
- otros comandos, funciones y herramientas de Excel.

2: Base de datos

Mucha gente utiliza Excel para crear informes que puedan editarse fácilmente más tarde. Los informes se utilizan para una lectura rápida de la información y un control completo de la gestión de los datos cuando se trabaja con el software. La mesa es la interfaz con el área de trabajo del programa.

El contenido de las columnas y filas de una base de datos se organiza de forma racional. A pesar de que Microsoft Office dispone de una herramienta independiente llamada Microsoft Access para crear y gestionar bases de datos, la gente prefiere utilizar MS Excel para el mismo fin. Al fin y al cabo, las posibilidades del programa permiten clasificar, formatear, filtrar, editar, organizar y estructurar datos.

Crear una base de datos en Excel

¿Cómo crear una base de datos en Excel, paso a paso? Nuestra tarea consiste en crear una base de datos de clientes. La empresa cuenta con decenas de consumidores fieles desde hace muchos años. Es vital llevar un registro de la duración del contrato, las áreas de colaboración, los contactos, las comunicaciones de datos, etc.

Database clients of Jolly Day

№	Customer	Type	Country	City	Contract Number	Date	Limitation years	Contact Manager

Introduzca el nombre del campo de la base de datos (encabezados de columna).

Database clients of Jolly Day

№	Customer	Type	Country	City	Contract Number	Date	Limitation years	Contact Manager
1	Intersection	com.network	USA	New York	2314589	12.12.2012	2	Aaron
2	Magnet	com.network	USA	New York	2432656	27.08.2014	3	Alex
3	Perspective korp.	warehouse	Belarus	Minsk	2456983	31.12.2014	2	Ashley
4	Driveway	enterprise	USA	New York	2408570	24.04.2014	5	Aaron
5	near	enterprise	USA	Los Angeles	2481553	06.05.2015	2	Ashley
6	Nori	warehouse	Japan	Tokyo	2506369	09.09.2015	2	Blake
7	Nevsky comp.	com.network	Russia	Moscow	2337735	15.04.2013	1	Caroline
8	Perspective korp.	enterprise	Belarus	Minsk	2361112	17.08.2013	2	Daniel
9	In touch	warehouse	USA	San Francisco	2384723	20.12.2013	2	Alex
10	Nardis	com.network	Japan	Tokyo	2531433	14.01.2016	3	Blake

Rellena los espacios en blanco de la base de datos. La estructura celular se mantiene en orden.

Será el mismo formato numérico en toda la columna si la primera columna también está en formato numérico.

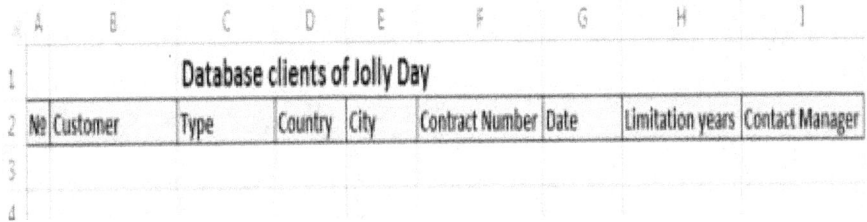

Los datos se introducen del mismo modo que en una tabla tradicional.

Crea una fórmula si la información de una celda es igual a la suma de los valores de las otras celdas.

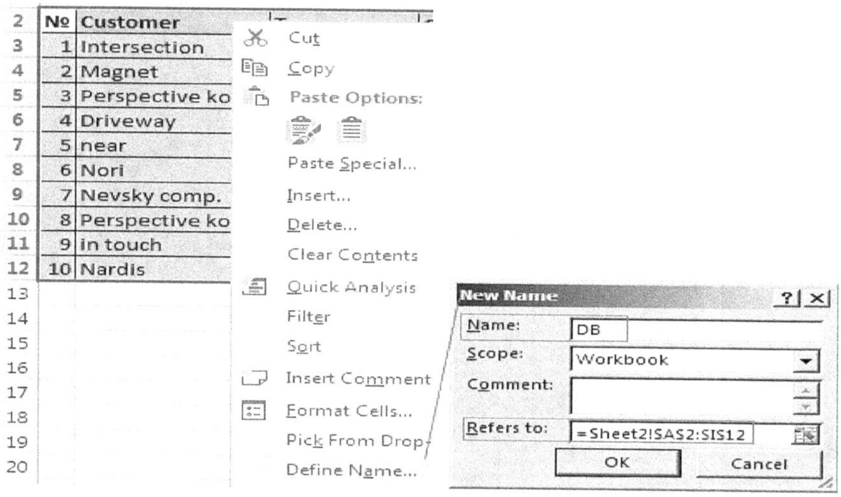

Debe asignarse el nombre de la base de datos.

Elija un intervalo de fechas, empezando por la primera celda y terminando en la última.

El título del grupo se puede encontrar utilizando el botón derecho del ratón.

Cualquier nombre es suficiente. DB es un ejemplo. Compruebe que el número se ha introducido correctamente.

3: Presupuesto

Los estados financieros que muestran las actividades, responsabilidades y activos de una empresa en un momento dado se conocen como balances.

Debe reconocer cómo evoluciona su empresa, tanto si se trata de un pequeño negocio como de una gran empresa internacional.

Por consiguiente, debe estudiar numerosos estados financieros para estar al tanto de las finanzas de la empresa.

Los estados financieros, por ejemplo, muestran cuánto dinero produce y gasta la empresa.

El estado de flujo de caja, por otro lado, muestra cuánto dinero tiene a mano, lo que le permite gestionar sus gastos correctamente. Por último, está el balance, que es uno de los estados financieros más fundamentales.

Un balance muestra cómo se distribuyen las operaciones corrientes, el pasivo y el patrimonio neto.

Puede ver que gran parte del valor de la empresa procede de los beneficios no distribuidos, las cuentas de resultados y los préstamos.

Con esta información puede calcular la rentabilidad financiera y numerosos ratios financieros.

A continuación, puede comparar estas cifras con las de otras empresas similares.

Esto dará una mejor idea de lo que está haciendo la empresa en comparación con sus competidores.

Seleccione el tiempo a cubrir

Hay que elegir un periodo a cubrir, igual que se hace con otros presupuestos. Suele comenzar el 1 de enero y terminar el 31 de diciembre. Sin embargo, tiene la opción de utilizar un periodo de cálculo alternativo, conocido como ejercicio fiscal, que va del 1 de octubre al 30 de septiembre. Ten en cuenta que el período que utilices aquí debe ser coherente con el resto de tus observaciones.

Preparación de cuentas

Debería crear su balance con antelación para minimizar los inconvenientes de tener que volver a comprobar los datos mientras lo elabora. Asegúrese de tener acceso a su estado de tesorería, registros financieros, registros de préstamos financieros y saldos de tarjetas de crédito. Antes de empezar, tendrá que saber cuánto valen sus activos. No olvides incluir el dinero que invertiste para fundar tu empresa, así como las inversiones de otras personas y empresas.

Creación de archivos Excel

Ahora es el momento de crear el archivo Excel tras determinar el periodo de tiempo que abarcará y los valores que necesitará. Abra Microsoft Excel y cree un nuevo archivo.

Para facilitar la identificación, introduzca Estados financieros [Nombre de la empresa] en el campo A1. Deje un espacio para el formato y escriba Activos en la primera línea de la tercera línea. Aquí es donde enumerará los valores de todo lo que posee su empresa.

A continuación, introduzca el periodo fiscal que cubre en la columna 3 de la misma línea.

	A	B	C	D	E
1	Acme Inc. Balance Sheet				
2					
3	Assets		2020		
4					
5					
6					
7					
8					

Tras los Activos, deben establecerse las secciones de Pasivo y Patrimonio neto. Las cantidades adeudadas a otras partes, como bancos, proveedores, arrendadores y el gobierno, se denominan pasivos. Los fondos propios, por su parte, se refieren a la cantidad de dinero que los propietarios de la empresa invierten en ella, así como a los beneficios que mantiene en sus libros.

Los valores de estas dos secciones deben sumar la cantidad indicada en Activo, de ahí el título Balance. Sin embargo, primero debe crear la categoría Activo antes de pasar a la sección Pasivo y Patrimonio. Así tendrá menos problemas de formato.

Introduzca sus clasificaciones

	A	B	C	D
1	Acme Inc. Balance Sheet			
2				
3	ASSETS		2020	2019
4	Current Assets			
5	Cash			
6	Accounts Receivable			
7	Inventory			
8	Short-term Investments			
9	**Total Current Assets**		-	-
10				
11	Long-Term Assets			
12	Real Properties			
13	Office Equipment			
14	Long-term Investments			
15	**Total Long Term Assets**		-	-
16				
17	Other Assets			
18	Prepaid Expenses			
19	Deferred Tax Assets			
20	Employee Advances			
21	**Total Other Assets**		-	-
22				
23	**Total Assets**		-	-

Pasivo y fondos propios

	A	B	C	D
1	Acme Inc. Balance Sheet			
2				
25	LIABILITIES & OWNER'S EQUITY			
26	Current Liabilities			
27	Accounts Payable			
28	Short-term Loans			
29	Income Taxes			
30	Payable Salaries			
31	Prepaid Services			
32	Current Long-term Debt			
33	**Total Current Liabilities**		-	-
34				
35	Long-Term Liabilities			
36	Long-term Debt			
37	Deferred Income Tax			
38	Pension Fund			
39	**Total Long-Term Liabilities**		-	-
40				
41	**Total Liabilities**		-	-
42				
43	Owner's Equity			
44	Owner's Equity			
45	Retained Earnings			
46	**Total Equity**		-	-

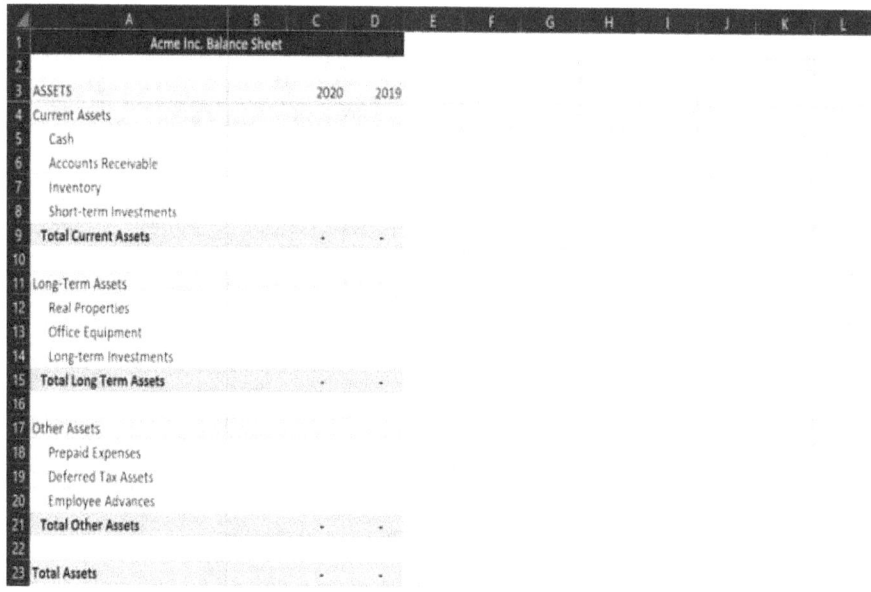

El pasivo y los fondos propios, al igual que el activo, se dividen en tres categorías: pasivo corriente, pasivo a largo plazo y fondos propios. El pasivo corriente, como su nombre indica, son compromisos que la empresa debe cumplir en el plazo de un año o ciclo de explotación. Las deudas con proveedores y arrendadores, los préstamos a corto plazo de bancos y prestamistas, los impuestos sobre la renta, los salarios pendientes de pago y los productos y servicios pagados por adelantado son ejemplos de pasivo corriente.

La deuda a largo plazo, el impuesto sobre la renta diferido y las prestaciones de pensiones públicas, si así lo exige la ley, se incluyen en el pasivo a largo plazo. Por último, los fondos propios están formados por su patrimonio personal, que sería el dinero que ha invertido en la empresa. Si dirige una empresa, esta parte se denomina patrimonio neto.

5: Cuenta de pérdidas y ganancias

Una cuenta de resultados muestra los beneficios o pérdidas de una empresa. Este tutorial le mostrará cómo crear uno en Excel. Las empresas de todos los tamaños, grandes y pequeñas, necesitan hacer un seguimiento de sus resultados. La información contable, como la cuenta de resultados y el balance, es importante en esta situación.

Para evaluar el éxito de su empresa, no necesitará un experto ni un programa de contabilidad.

Si sigues las directrices, Excel puede ayudarte a crear tus declaraciones.

Después de completar tu cuenta de resultados, podrás ver cuánto dinero has ganado (o perdido) a lo largo de un año.

También verás cuánto dinero ganas o gastas en cada área. Estos datos le mostrarán su grado de eficiencia.

Las estadísticas también revelarán qué elementos de su empresa deben mejorarse.

Seleccione su periodo

La mayoría de las cuentas de pérdidas y ganancias se elaboran una vez al año.

Podrá examinar cómo le fue el año pasado y en qué puede mejorar. Sin embargo, puede preparar cuentas de resultados trimestrales (o incluso mensuales).

Esto es especialmente ventajoso si su tecnología está creciendo o su estrategia está cambiando.

Crea tu agenda

Cada transacción que realice requiere un registro preciso.

Por eso las empresas deben llevar un diario de sus transacciones financieras.

Si aún no tienes una agenda, puedes generar tu cuenta de pérdidas y ganancias utilizando tus recibos, registros financieros y otros documentos.

Se puede elaborar una cuenta de pérdidas y ganancias bastante precisa cuando se dispone de toda la información necesaria.

Recoger sus datos

Primero debe organizarlos antes de empezar a crear la cuenta de resultados. En este documento hay cuatro categorías principales:

- La sección de ingresos/beneficios se refiere al dinero ganado y gastado para el objetivo principal de su negocio.
- Gastos de funcionamiento: son los costes en los que incurre su organización a diario. Estos son los gastos que necesitará para gestionar su empresa.
- Los gastos por intereses, impuestos y otros movimientos de tesorería no relacionados con los activos se contabilizan como Beneficios (pérdidas) de actividades de financiación.
- Las pérdidas y ganancias significativas no recurrentes se denominan hechos no recurrentes. La venta o adquisición de grandes activos, los ingresos procedentes de actividades interrumpidas, cuestiones contables y otros factores son algunos ejemplos.

Cree su archivo Excel

Para crear tu cuenta de pérdidas y ganancias, empieza abriendo Microsoft Excel y crea un nuevo archivo.

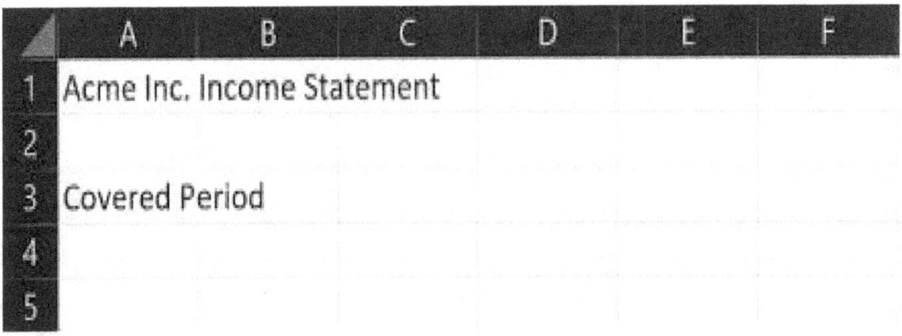

- Escriba [Nombre de la empresa] Ingresos netos en el primer campo. Esto ayuda a la organización del archivo, sobre todo si realmente necesita publicar este documento.
- El punto cubierto debe escribirse después de saltarse una línea. Este diagrama muestra las fechas cubiertas por la cuenta de resultados.

Cree sus propias subcategorías

Las cuatro categorías que ofrecen la mayoría de las compañías son las mismas. No obstante, los apartados de este epígrafe varían de una empresa a otra.

He aquí algunos ejemplos que le ayudarán a decidir:

i. Ingresos

	A	B	C	D	E	F	G	H
5	Revenue							
6	Sales							
7	Gross Sales							
8	Less: Bad Merchandise							
9	Net Sales							
10								
11	Cost of Goods Sold							
12	Beginning Inventory							
13	Purchased Goods							
14	Raw Materials							
15	Manufacturing Labor							
16	Total Goods Available							
17	Less: Ending Inventory							
18	Total Cost of Goods Sold							
19								
20	Gross Profit (Loss)							

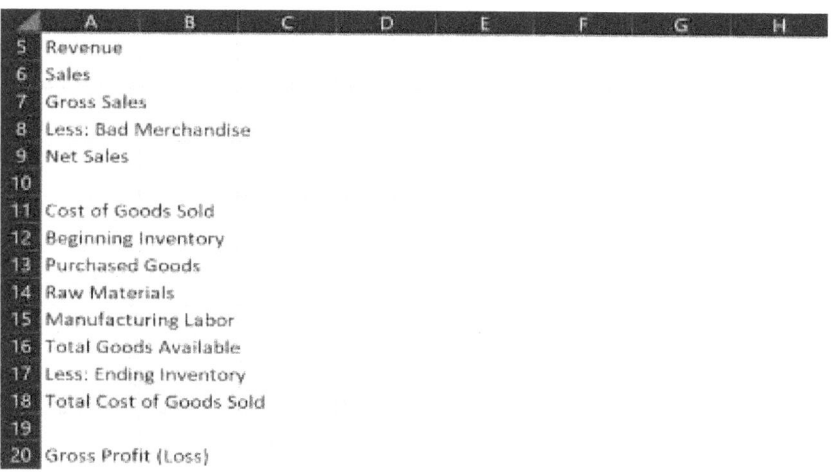

ii. Gastos de explotación

	A	B	C	D	E	F	G
20	Gross Profit (Loss)						
21							
22	Operating Expenses						
23	Salaries						
24	Rent						
25	Utilities						
26	Transportation						
27	Advertising						
28	Marketing						
29	Others						
30	Total Operating Expenses						
31							
32	Operating Income (Loss)						

iii. Pérdidas y ganancias de explotación

	A	B	C	D	E	F	G
34	Gains (Losses) From Continuing Operations						
35	Other Gains						
36	Less: Other Expenses						
37	Less: Interest Expenses						
38	Total Gains (Losses) from Continuing Operations						
39							
40	Income Before Taxes						
41	Less: Tax Expenses						
42							
43	Income (Loss) from Continuing Operations						
44							

Siguiendo estos pasos, se puede elaborar una cuenta de pérdidas y ganancias.

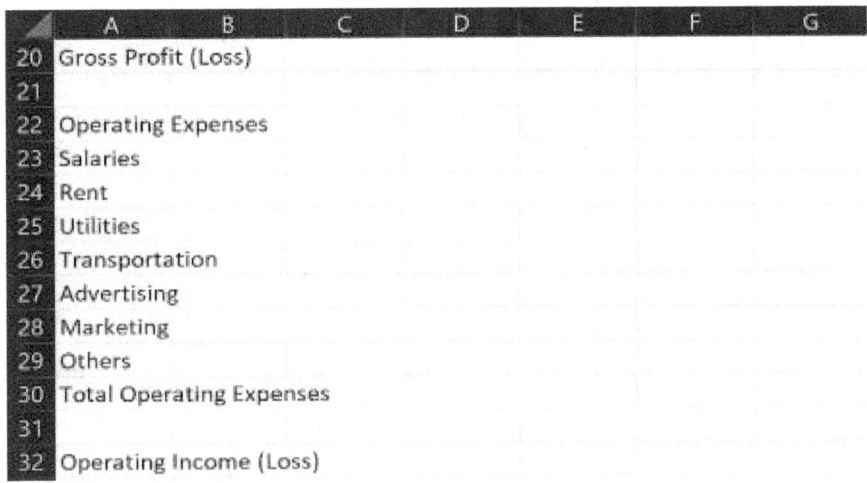

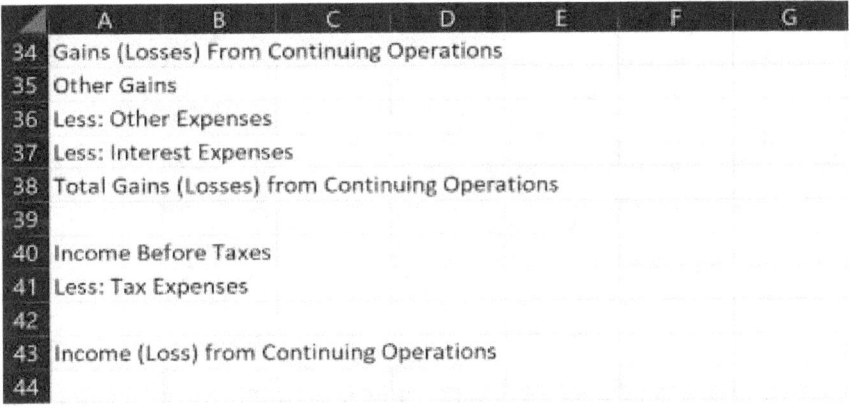

Capítulo 5:

MS Excel 2024 Funciones, características y fórmulas

Microsoft Excel es un conjunto de programas y servicios de servidor de Microsoft. La edición inicial de Office incluía Microsoft Word, Excel y PowerPoint. Los programas de Office se fueron pareciendo con el tiempo, con funcionalidades similares como la ortografía común, la integración de datos, etc.

En MS Excel 2024se han añadido muchas funciones y fórmulas nuevas en beneficio de los usuarios. Le hablaremos de los más importantes.

1: Características y funciones de MS Excel 2024

Estas son las novedades de Office 2024:

- **MINIFS** - una función que devuelve el valor numérico mínimo entre otras celdas basándose en un conjunto dado de condiciones o criterios.
- **MAXIFS** - una función que ayuda a devolver el valor máximo entre las celdas que se basan en un determinado conjunto de condiciones o criterios.
- **IFS**: función que comprueba si se cumplen al menos una o varias condiciones y, a continuación, utiliza el valor que satisface el primer criterio TRUE.

- **CONCAT** - una función que le ayuda a unir dos o más cadenas y rangos de celdas.
- **TEXT JOIN** - una función que ayudará a unir dos o más cadenas y también utilizar un delimitador para separar cada valor.
- **SWITCH** - una función que puede comparar un valor con otros valores (una lista de valores) y luego mostrar un resultado que se correlaciona con la primera coincidencia encontrada.

Si va a actualizar directamente de Office 2016 a Office 2024, eche un vistazo también a estas características "nuevas para usted". Tenemos un paquete fresco de características para los clientes de Office 2019 que se actualizan a Microsoft Office 2024 que está listo para revolucionar su vida de MS Excel para siempre. Estas son algunas de las características:

- **XMATCH** - esta función le ayudará a buscar una posición relativa en la matriz de datos de una entrada determinada.
- **XLOOKUP** - permite al usuario buscar un elemento específico en un determinado rango (o tabla) y devolver el resultado correspondiente.
- **UNIQUE** - esta función ayuda a devolver una lista de valores únicos como texto, números, fechas, hora y otros a una lista o rango.
- SORT - una función que ordena el contenido de un rango o una matriz.
- **SORTBY** - una función que ordena un rango o matriz según los valores de algún otro rango o matriz.

- **SECUENCIA** - una función que le ayuda a hacer una matriz de números secuenciales, por ejemplo 1,2, 3, etc.
- **FILTRO**: función que filtra un intervalo de datos según criterios específicos y, a continuación, extrae los resultados que coinciden.
- **RANDARRAY** - una función que devuelve una matriz de números aleatorios.
- **LET** - esta función ayuda al usuario a dar diferentes nombres a los resultados de los cálculos y a prescribir variables dentro de la fórmula para que sea más fácil de leer.

Las funciones de matriz dinámica son el nombre que reciben muchas de estas nuevas rutinas. Las funciones de matriz dinámica ofrecen una serie de ventajas sobre las funciones normales, como la posibilidad de "verter" varios resultados a partir de una única fórmula y la posibilidad de evitar convertir una conexión relativa en una referencia exacta en muchas circunstancias.

Funciones SORT y SORTBY

En primer lugar, utilizamos la función SORT, que sirve para ordenar la información según la fecha del resultado y la columna.

i. ORDENAR: La función Ordenar permite ordenar dinámicamente los resultados de la información según una columna de datos. A continuación se muestra la sintaxis de la función SORT (las variables entre paréntesis son voluntarias):

SORT(array, [sort_index], [sort_order], [by_col])

[Índice de ordenación] - es la posición del índice de la columna de izquierda a derecha en los datos que desea ordenar. 1 es la respuesta por defecto (columna de la izquierda).

[orden de clasificación] - especifica la clasificación típica para la sección elegida en el parámetro [índice de clasificación]. Introduzca el valor 1 para una ordenación ascendente. Introduzca el valor -1 para una ordenación descendente. 1 es la respuesta por defecto (ascendente).

array - especifica el array o rango a ordenar. Puede tratarse de toda la recopilación de datos o sólo de una parte.

[Por col] - puede utilizarse cuando sus datos no están en un estilo de tabla estándar, con columnas que representan categorías y filas que representan transacciones (registros). Esto resulta útil cuando los datos se organizan de forma inversa, con filas que representan categorías y columnas que representan transacciones. Se trata de una función que seguramente nunca utilizarás, si es que alguna vez lo haces. Introduzca TRUE para activar este argumento. FALSE es la respuesta por defecto.

Considere el siguiente conjunto de datos, que incluye nombres, periodos y salarios.

	A	B	C
1	**SORT Function**		
2			
3	**Name**	**Entry Date**	**Yearly Salary**
4	Gary Miller	9/1/2006	60,270
5	James Willard	12/1/2009	39,627
6	Richard Elliot	4/1/2016	29,727
7	Robert Spear	1/1/2005	93,668
8	Roger Mun	9/1/2011	134,000
9	Paul Garza	1/1/2005	34,808
10	Robert Marquez	3/1/2017	134,468
11	Natalie Porter	2/1/2019	45,000
12	Kim West	2/1/2014	89,500
13	Stevie Bridge	10/1/2011	21,972
14	Andre Cooper	10/1/2011	80,000
15	Crystal Doyle	12/1/2012	185,000
16			

Esta hoja de cálculo pasó a llamarse 'TablaSalario' y se convirtió en una tabla real de Excel.

Nuestro objetivo es ordenar esta lista por la columna de salario anual en orden descendente.

Para ello se puede utilizar la función SORT. Tenemos la fórmula para resolver este problema:

=SORT(TablaSalario, 3, -1) utilizando esta fórmula, podemos ordenar la tabla

	A	B	C	D	E	F	G
1	SORT Function						
2					Sort by Salary in descending order		
3	Name	Entry Date	Yearly Salary				
4	Gary Miller	9/1/2006	60,270		Crystal Doyle	12/1/2012	185,000
5	James Willard	12/1/2009	39,627		Robert Marquez	3/1/2017	134,468
6	Richard Elliot	4/1/2016	29,727		Roger Mun	9/1/2011	134,000
7	Robert Spear	1/1/2005	93,668		Robert Spear	1/1/2005	93,668
8	Roger Mun	9/1/2011	134,000		Kim West	2/1/2014	89,500
9	Paul Garza	1/1/2005	34,808		Andre Cooper	10/1/2011	80,000
10	Robert Marquez	3/1/2017	134,468		Gary Miller	9/1/2006	60,270
11	Natalie Porter	2/1/2019	45,000		Natalie Porter	2/1/2019	45,000
12	Kim West	2/1/2014	89,500		James Willard	12/1/2009	39,627
13	Stevie Bridge	10/1/2011	21,972		Paul Garza	1/1/2005	34,808
14	Andre Cooper	10/1/2011	80,000		Richard Elliot	4/1/2016	29,727
15	Crystal Doyle	12/1/2012	185,000		Stevie Bridge	10/1/2011	21,972
16							

En segundo lugar, utilizamos la función SORTBY para ordenar los datos, y aparece el resultado.

ii. **SORTBY:** La función SORTBY puede utilizarse para ordenar los datos según una columna que no se mostrará en el resultado. La sintaxis para entender la función SORTBY es la siguiente:

SORTBY(array, by_array1, [sort_order1]...)

array - especifica el array o rango a ordenar. Puede tratarse de toda la recopilación de datos o sólo de una parte.

Por array1 - la colección de elementos a ordenar está representada por array1. Esta columna no se incluirá en el resultado final.

[orden1] - especifica el nuevo orden de una columna en la matriz [por matriz1]. Introduzca el valor 1 para una ordenación ascendente. Introduzca el valor -1 para una ordenación descendente. 1 es la respuesta por defecto (ascendente).

Si queremos construir una lista de nombres ordenados de forma ascendente, pero no queremos que ninguna de las columnas de datos esté una al lado de la otra, entonces utilizamos el mismo conjunto de datos que antes y escribimos las ecuaciones dadas.

2: Algunas funciones actualizadas de MS Excel 2024

1: Medios de comunicación

La función PROMEDIO calcula la media de los valores de las celdas de un rango especificado.

Para obtener la media de las ventas totales, basta con introducir "MEDIA(C2, C3, C4)", como se muestra en el ejemplo siguiente.

C6 fx =AVERAGE(C2,C3,C4)

	A	B	C	D	E
1	Qty	Price per Unit	Total Sales		
2	10	30	300		
3	11	35	385		
4	12	40	480		
5		Total	1165		
6		Average	388.3333333		

Te calcula la media automáticamente y puedes guardar el resultado donde quieras.

2: Suma

Como sugiere el título, esta función devuelve el valor total en el rango de celdas dado.

Realiza la suma como si fuera una operación matemática. He aquí un ejemplo de lo que quiero decir:

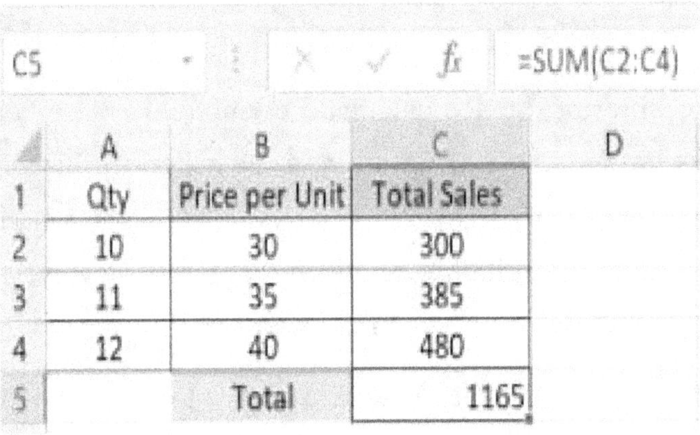

C5		×	✓	f_x	=SUM(C2:C4)	
	A	B		C		D
1	Qty	Price per Unit		Total Sales		
2	10	30		300		
3	11	35		385		
4	12	40		480		
5		Total		1165		

Acabamos de escribir en el método '=SUMA(C2:C4)' para obtener el total de ventas de cada artículo, como puedes ver.

Esto asciende automáticamente a 310, 395 y 490. C5 es donde se almacena el resultado.

3: Subtotal

Veamos ahora cómo funciona el método del subtotal.

El método SUBTOTAL() devuelve el subtotal de una base de datos. Puede elegir entre media, recuento, total, mínimo, máximo, segundos y otros, en función de sus necesidades. Centrémonos en dos ejemplos de este método.

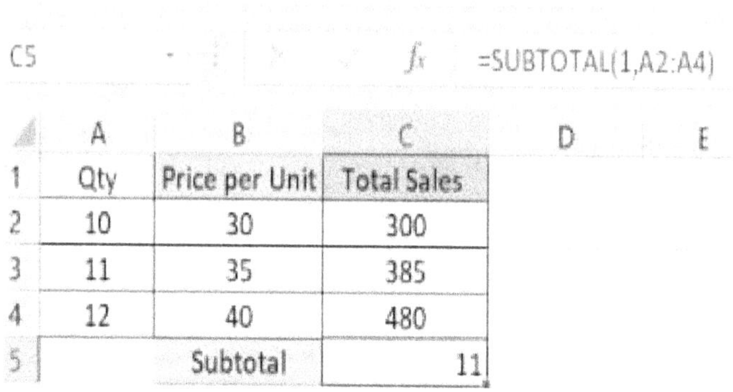

C5 =SUBTOTAL(1,A2:A4)

	A	B	C	D	E
1	Qty	Price per Unit	Total Sales		
2	10	30	300		
3	11	35	385		
4	12	40	480		
5		Subtotal	11		

En el ejemplo anterior, hemos calculado el subtotal en las celdas comprendidas entre A2 y A4. Como verá, el método utilizado es "=SUBTOTAL(1, A2: A4)", donde "1" se refiere a la media de la lista de subtotales. Como resultado, el método anterior devolverá la media de A2: A4, con la respuesta 11 colocada en C5.

"=SUBTOTAL(4, A2: A4)" elige la celda con el valor más alto entre A2 y A4, que es 12. El resultado máximo se obtiene incluyendo "4" en la función.

4: Contar

Calcula el número de células viables en una región que contiene un número. Excluye las celdas que están vacías y las que contienen datos en un formato distinto al numérico.

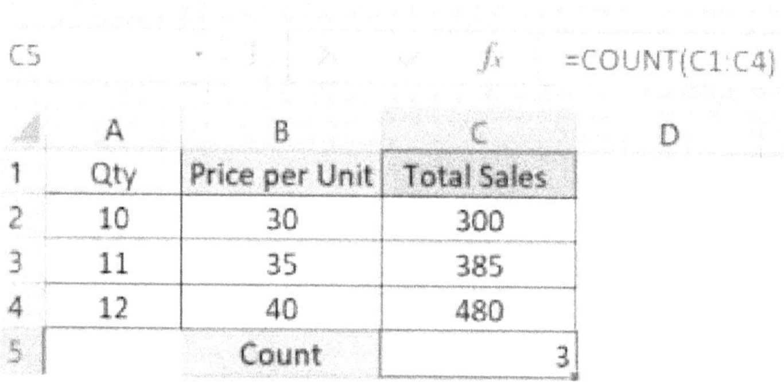

C5 =COUNT(C1:C4)

	A	B	C	D
1	Qty	Price per Unit	Total Sales	
2	10	30	300	
3	11	35	385	
4	12	40	480	
5		Count	3	

Como has visto, estamos contando de C1 a C4, un total de cuatro celdas. El resultado es 3 porque el método Recuentos sólo examina las celdas con datos cuantitativos, y la celda con "Ventas totales" se ignora.

Si necesita recoger todas las celdas con valores numéricos, texto u otros tipos de datos, debe utilizar el método CONTAR', pero por otro lado, no incluye ninguna celda vacía en sus cálculos. COUNTBLANK es una función que cuenta el número de celdas vacías en una celda dada.

5. MÓDULO

Cuando un número entero dado se divide por un divisor, la función MOD() devuelve el residuo.

Para comprenderlo mejor, consideremos los siguientes casos. En el primer caso, hemos dividido 10 entre 3.

El residuo se calcula con la función "=MOD(A2,3)". El resultado se guarda en B2. También podemos utilizar el método abreviado '=MOD(10,3)' para obtener el mismo resultado.

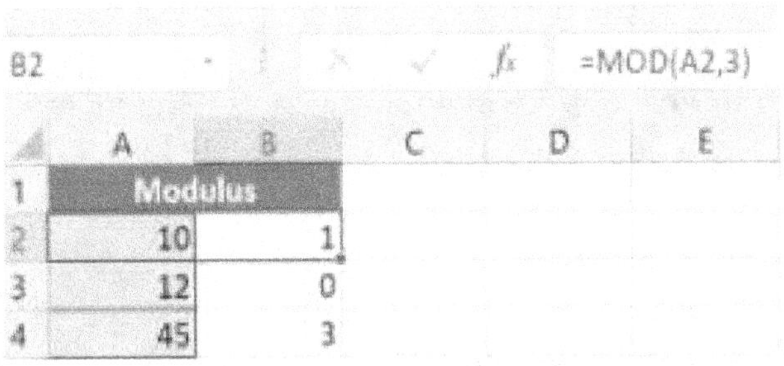

Del mismo modo, en este caso dividimos 12 entre 4. Queda 0, que se guarda en B3.

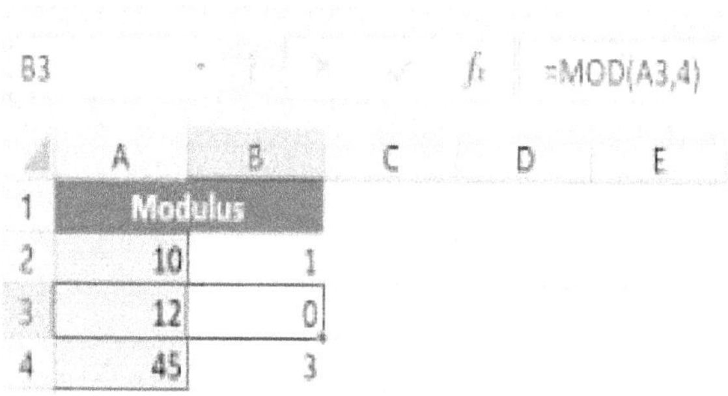

6. TECHO

También está la función TECHO. La función TECHO() toma un entero y lo redondea al siguiente múltiplo significativo.

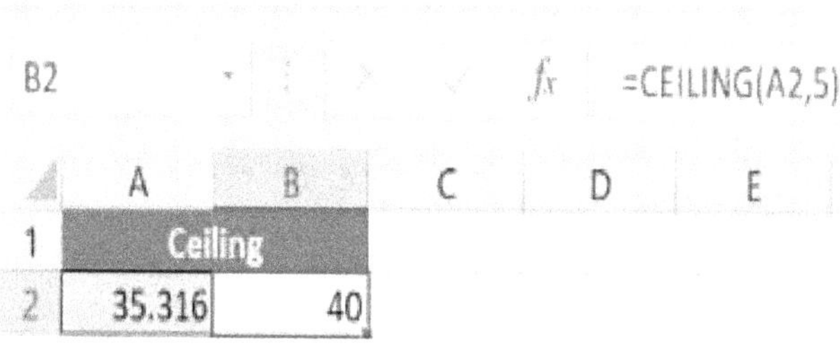

Para 35,316, el mayor múltiplo de 5 es 40.

7. POTENCIA

El método 'Power()' produce una salida de elevar un entero a una potencia dada. Vea algunos ejemplos a continuación:

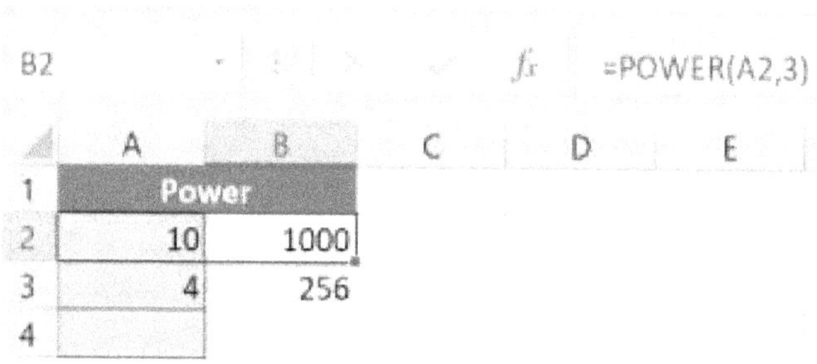

Como puede ver, tenemos que introducir '= POTENCIA (A2,3)' para averiguar su potencia de 10 contenida en A2 incrementada a 3. Así es como funciona la función de potencia de Excel.

8. PISO

A diferencia de la función Techo, la función suelo redondea un número al múltiplo de significación más cercano.

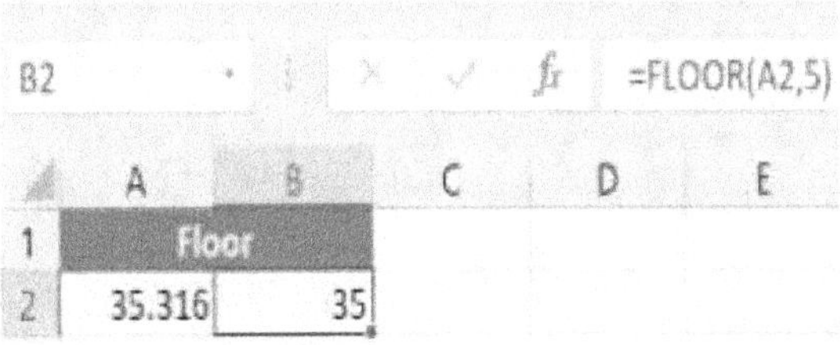

Considerando 35.316, el múltiplo mínimo de Cinco es 35.

10. LEN

LEN() calcula el número total de letras de un fichero. En consecuencia, se contará todo el número de caracteres, incluidos los espacios y los caracteres especiales. A continuación se muestra una ilustración del método Len.

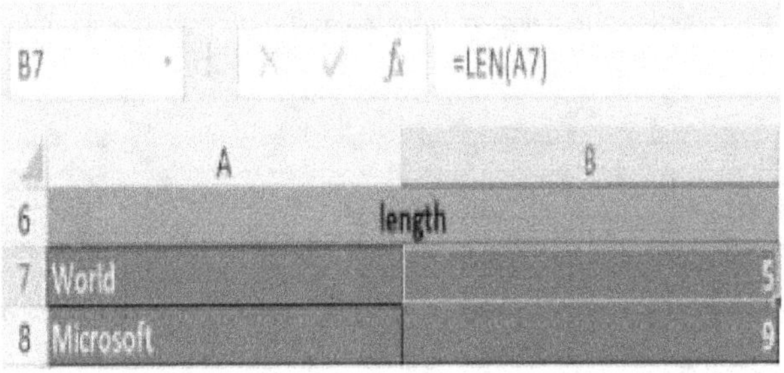

Veamos la siguiente función de Excel en la lista de este artículo.

9. CONCATENAR

Este método enlaza o fusiona varios datos de texto en una sola cadena. A continuación se enumeran los numerosos métodos para realizar esta función.

- En este ejemplo hemos utilizado la notación =CONCATENADO (A25, ", "B25)

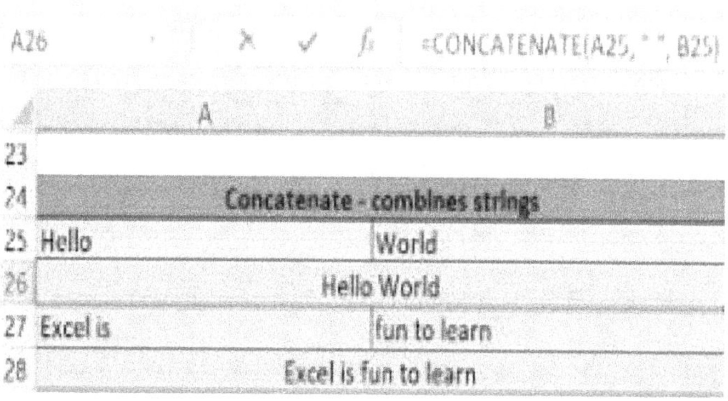

- En este ejemplo hemos utilizado la notación =CONCATENADO (A27&""&B27)

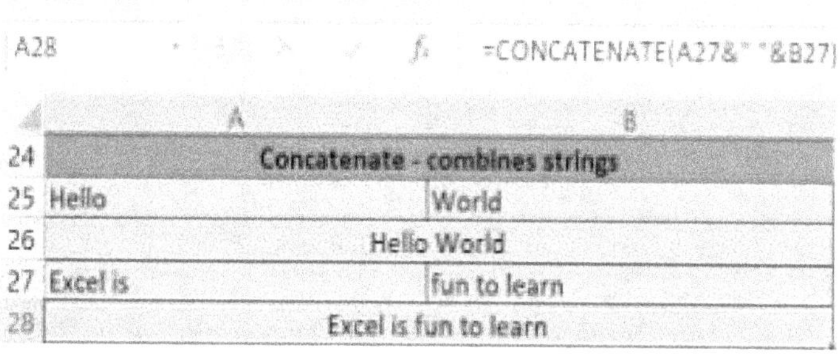

La función de concatenación en Excel puede realizarse de dos formas diferentes.

11. SUSTITUIR

El método REPLACE() sustituye una sección de una cadena de texto por otra cadena de texto, como su nombre indica.

"=REPLACE(texto antiguo, num inicio, num caracteres, texto nuevo)" es la sintaxis. El punto índice en el que desea empezar a reemplazar caracteres se indica mediante start num. La cantidad de caracteres que desea reemplazar se indica mediante num chars.

Veamos cómo podemos aprovechar esta función.

- Introduciendo '=REPLACE(A15,1,1, "B")' estamos sustituyendo A101 por B101.

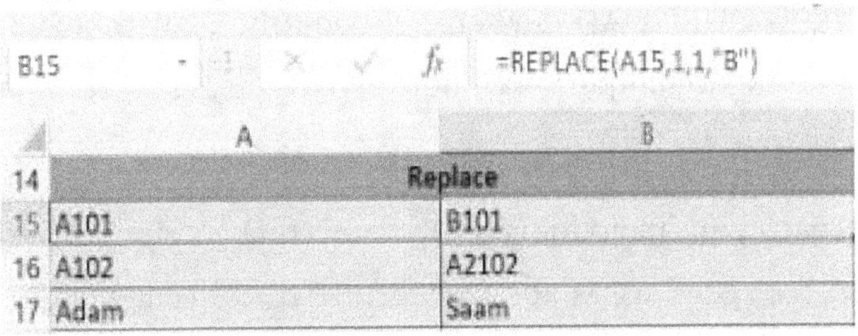

B15
=REPLACE(A15,1,1,"B")
A
B
14
Replace
15 A101
B101
16 A102
A2102
17 Adam
Saam

- A continuación, escribimos '=REPLACE(A16,1,1, "A2")' para sustituir A102 por A2102.

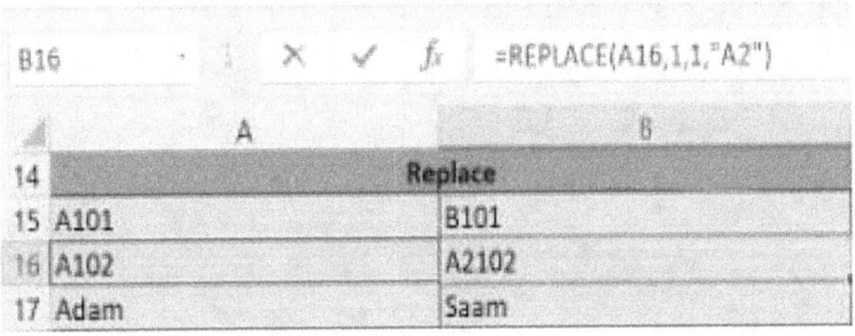

B16
=REPLACE(A16,1,1,"A2")
A
B
14
Replace
15 A101
B101
16 A102
A2102
17 Adam
Saam

- Por último, escribimos '=REPLACE(A17,1,2, "Sa")' para sustituir Adam por Saam.

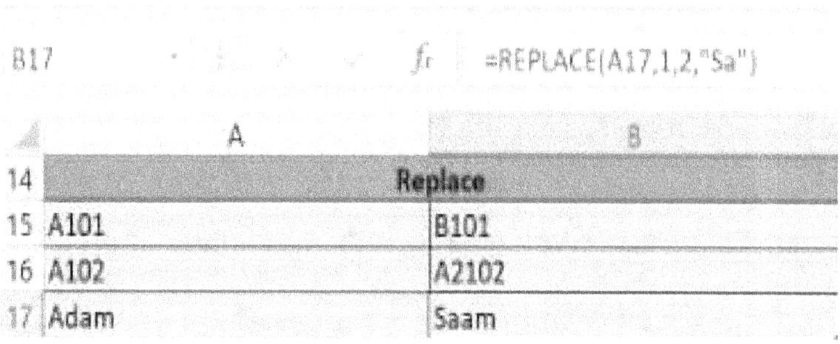

B17
=REPLACE(A17,1,2,"Sa")
A
B
14
Replace
15 A101
B101
16 A102
A2102
17 Adam
Saam

Después de todo esto, pasaremos a la siguiente función.

13. IZQUIERDA, DERECHA, CENTRO

El método IZQUIERDA() devuelve el conjunto de caracteres de una cadena de texto empezando por el carácter situado más a la izquierda.

Por su parte, el método MID(), dada una posición y longitud iniciales, recupera las palabras del centro de una cadena de texto.

Por último, el método RIGHT() devuelve el número de caracteres que quedan después de terminar una cadena de texto.

Veamos algunos casos para comprender mejor estas funciones.

- Utilizamos el método IZQUIERDA para obtener el elemento situado más a la izquierda de la frase en la celda A5 del siguiente ejemplo.

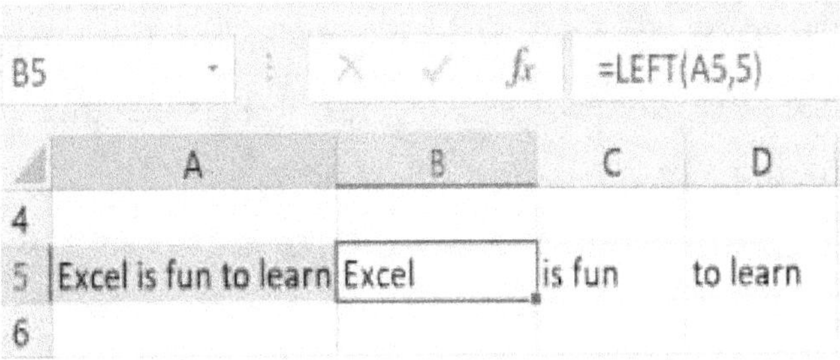

A continuación se muestra un ejemplo de cómo utilizar el método MID.

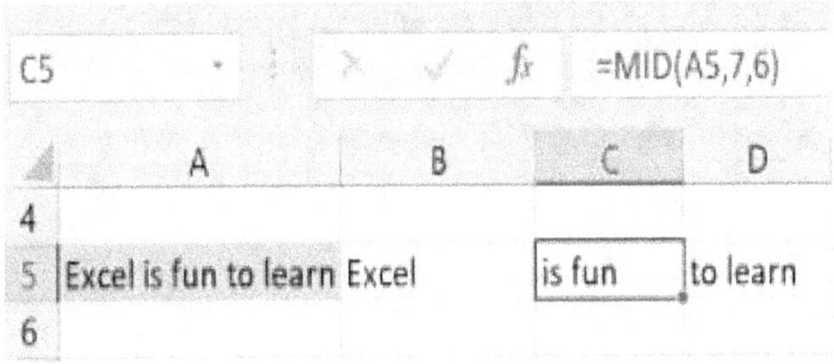

- A continuación se ilustra cómo utilizar la función DERECHA.

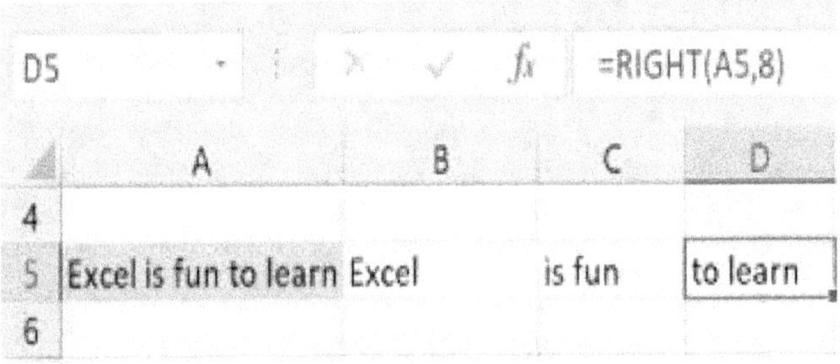

12. SUSTITUCIÓN

En una cadena de texto, el método SUBSTITUTE() sustituye el texto actual por el nuevo contenido.

"=SUBSTITUTE(texto, texto antiguo, texto nuevo, [instancia num])" es la sintaxis. Se utiliza [instance num] más de una vez para referirse al número de índice del texto actual. He aquí algunos ejemplos de uso de esta función: Al poner "=SUBSTITUTE(A20, "Likes", "Likes")", estamos sustituyendo "Likes" por "Likes".

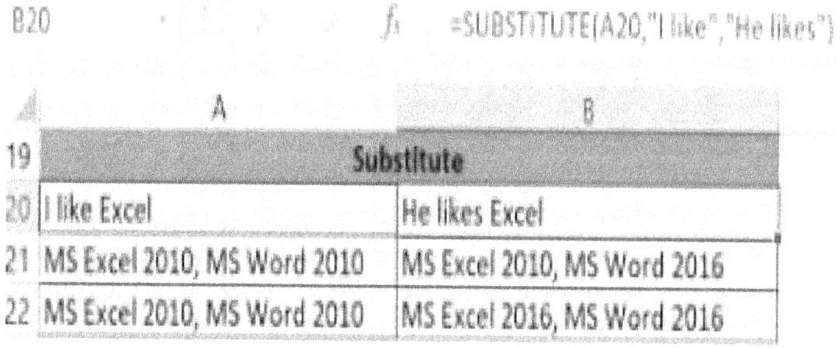

B20 =SUBSTITUTE(A20,"I like","He likes")

	A	B
19	Substitute	
20	I like Excel	He likes Excel
21	MS Excel 2010, MS Word 2010	MS Excel 2010, MS Word 2016
22	MS Excel 2010, MS Word 2010	MS Excel 2016, MS Word 2016

- A continuación, en la columna A21, escribimos '=SUBSTITUTE(A21,2010, 2016,2)' para sustituir el segundo 2010 que aparece en el texto original por 2016.

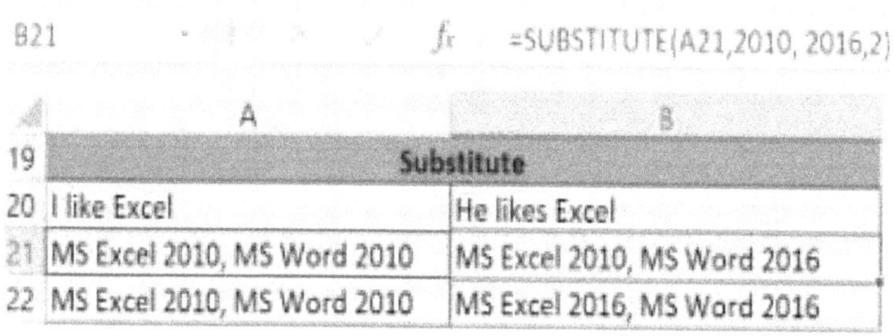

B21 =SUBSTITUTE(A21,2010, 2016,2)

	A	B
19	Substitute	
20	I like Excel	He likes Excel
21	MS Excel 2010, MS Word 2010	MS Excel 2010, MS Word 2016
22	MS Excel 2010, MS Word 2010	MS Excel 2016, MS Word 2016

- Insertando '=SUBSTITUTE(A22,2010,2016)', ahora podemos sustituir 2010 en el texto actual por 2016.

Capítulo 6:

Trucos, teclas de acceso rápido y consejos de presentación de MS Excel 2024

Los usuarios pueden utilizar esta suite ofimática para realizar diversas tareas, como llevar el control de un presupuesto personal u organizar lógicamente la información mediante filas y columnas.

Además, Excel dispone de una gran cantidad de posibilidades, como fórmulas y funciones.

Las teclas de función permiten al usuario realizar con facilidad y eficacia diversas tareas aparentemente complejas. Excel es mucho más potente de lo que la mayoría de nosotros pensamos.

1: Consejos y trucos de MS Excel 2024

Añadir signos con el método abreviado

- Utilice Ctrl + Mayús + ! para transponer un número entero con dos decimales.
- Utilice Ctrl más Mayús más $ para los dólares.
- Utilice Ctrl más Mayús más porcentaje para los porcentajes.

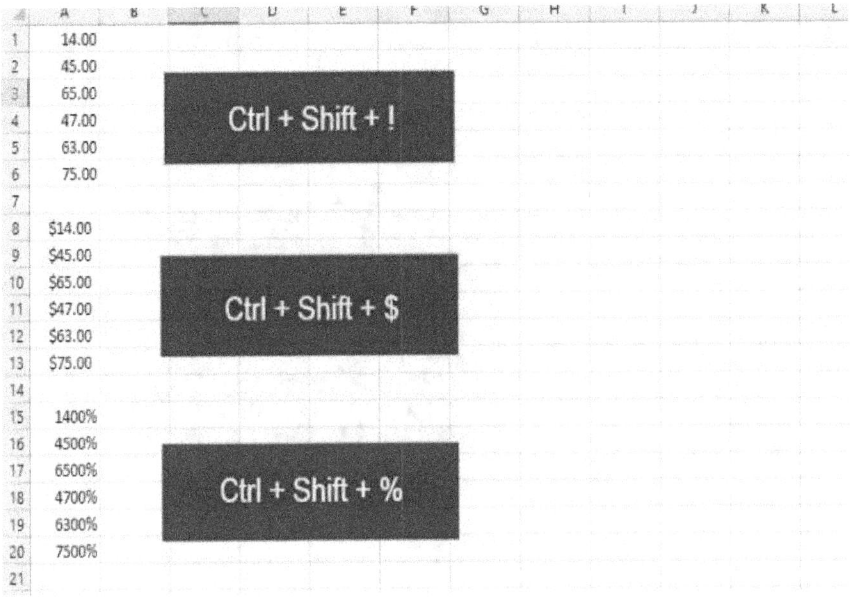

Añadir un tachado

Los usuarios de MS Excel pueden utilizar a menudo la opción de tachado para indicar que un trabajo ha finalizado o se ha comprobado.

Para añadir tachado, pulse Ctrl+5 mientras selecciona la celda a la que desea aplicar este formato de tachado.

Si desea aplicar este tachado a un grupo de celdas, selecciónelas todas y utilice el mismo método abreviado.

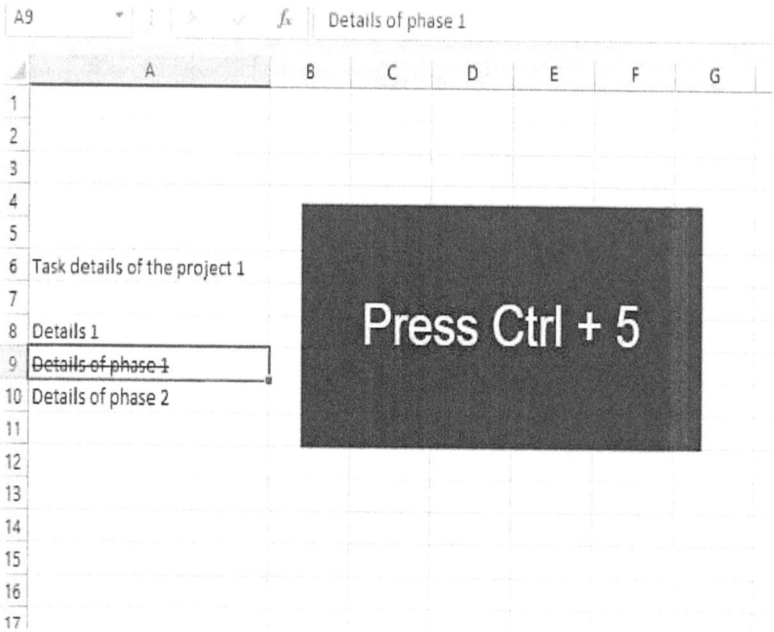
A9
Details of phase 1
A
B
C
D
E
F
G
Task details of the project 1
Details 1
Details of phase 1
Details of phase 2
Press Ctrl + 5

Buscar y reemplazar datos en Excel

Cuando se maneja una gran cantidad de datos, puede resultar difícil localizar una determinada cadena de palabras en una hoja de Excel.

La función descubrir puede ayudarle buscando en el documento esa palabra o frase.

Basta con pulsar Ctrl más F para abrir una nueva ventana.

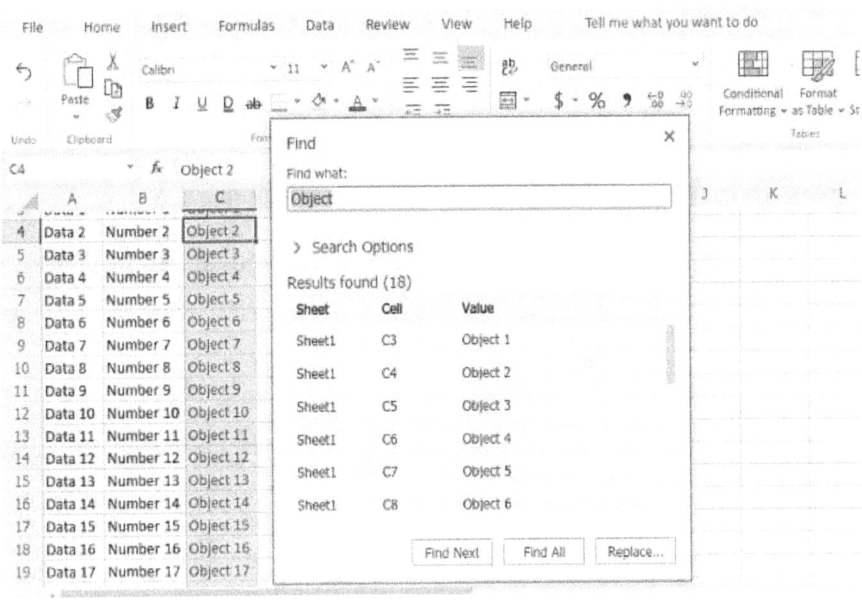

A continuación, introduzca la palabra y podrá buscarla de una en una o utilizar la opción Buscar todo.

A continuación, elija la pestaña Reemplazar, escriba la palabra que desea reemplazar y haga clic en Aceptar. ¡Eso es todo!

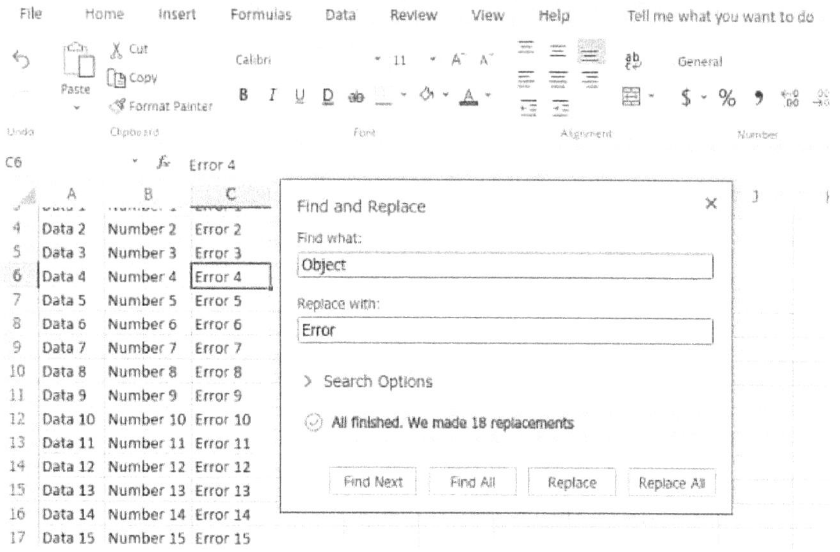

Crear un contorno o borde de una celda seleccionada

La técnica más rápida para crear sus límites de celda es utilizar los atajos de Excel. Empieza por seguir este procedimiento: Pulse Ctrl+mayús+& para elegir el área que desea delimitar.

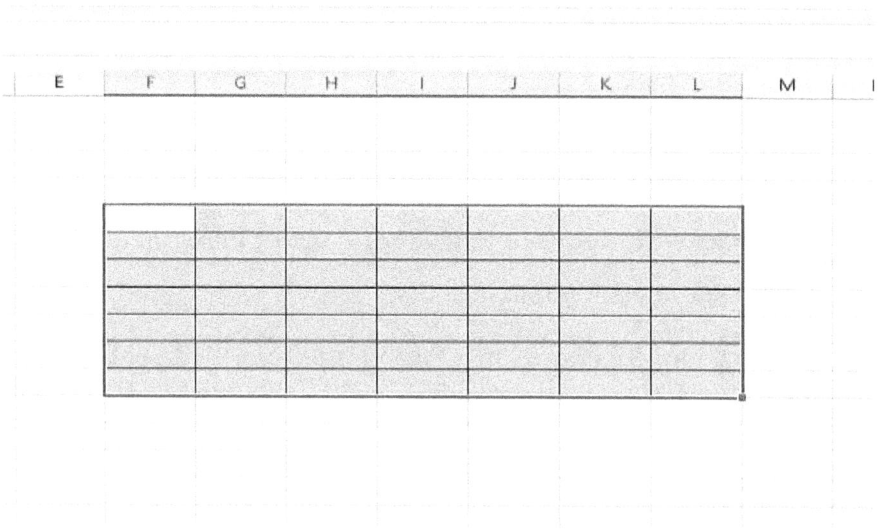

Ocultar datos de la hoja de cálculo

Seleccione las celdas de su hoja de Excel que desea ocultar y siga los sencillos procedimientos.

Formato de celda -> Personalizado ->;; Clic con el botón derecho -> Estilo de celda -> Personalizado -> ;; (3 puntos y comas).

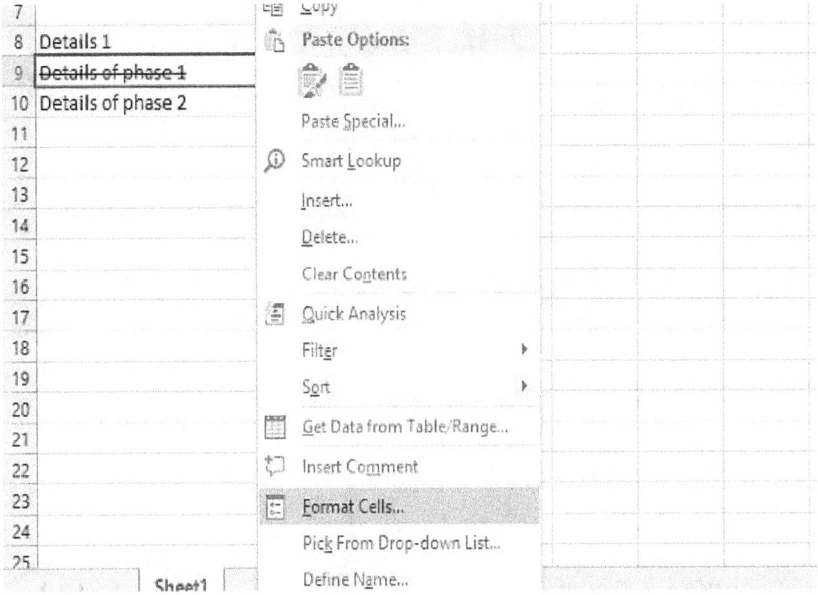

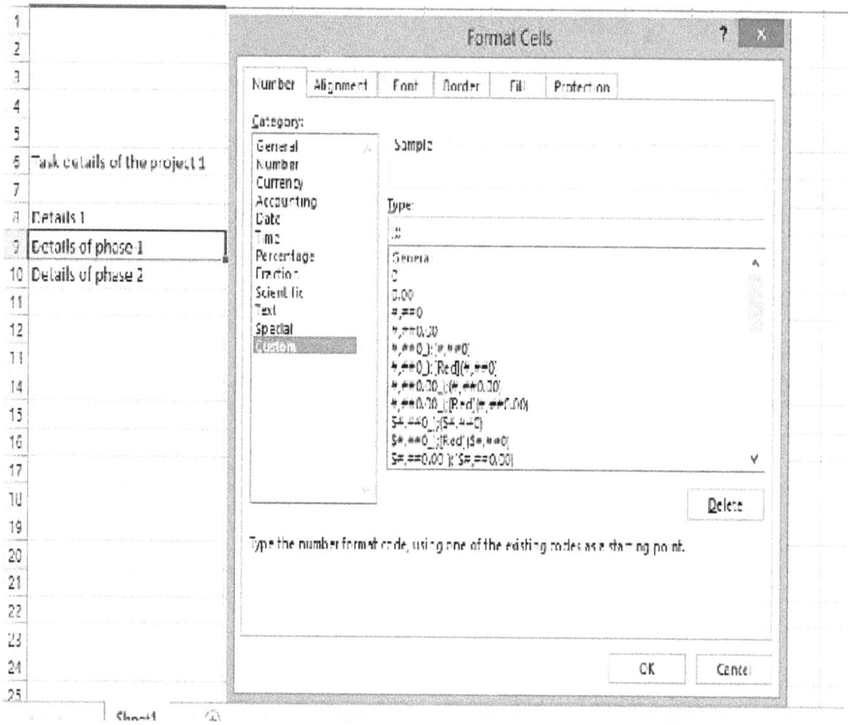

Insertar una fila y una columna

Para añadir una nueva línea debajo de una existente, selecciona toda la línea y pulsa Ctrl+mayús+más(+).

Para borrar una línea, basta con seleccionarla entera.

Si desea eliminar muchas filas, mantenga pulsada la tecla Ctrl y arrástrelas hacia fuera.

Ctrl+Mayús+Menos borrará la línea (-). Tenga en cuenta que las filas seleccionadas se borrarán.

Siga los mismos procedimientos que antes para establecer una nueva columna.

Ctrl+Mayús+Más(+) para seleccionar toda la columna. A la derecha, se insertará una nueva columna.

Selecciona toda la columna y pulsa Ctrl+Mayús+Plus para eliminarla (-). Es el método más rápido y directo para añadir filas y columnas. Ctrl+Mayús+Plus(+) es un atajo.

Si desea eliminar una fila o una columna, siga el mismo procedimiento. Sólo tienes que utilizar la combinación de teclas Ctrl+Mayús+Menos(-).

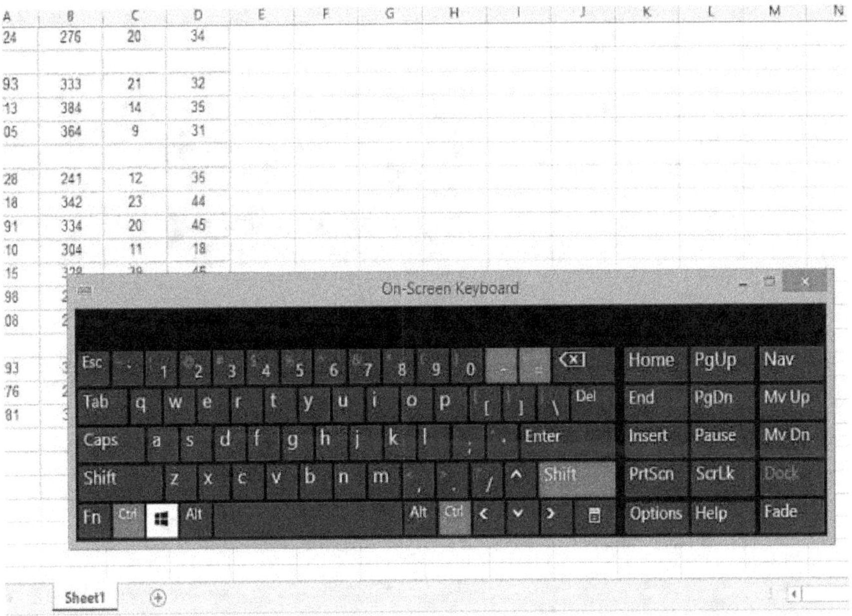

Ocultar filas y columnas

Selecciona cualquier celda de una fila y pulsa 'Ctrl+9' para ocultarla. Selecciona cualquier celda de una columna y pulsa 'Ctrl+0' para hacerla invisible.

Seleccione varias celdas y pulse Ctrl+9 para ocultar columnas y Ctrl+0 para ocultar filas para ocultar varias columnas y/o filas.

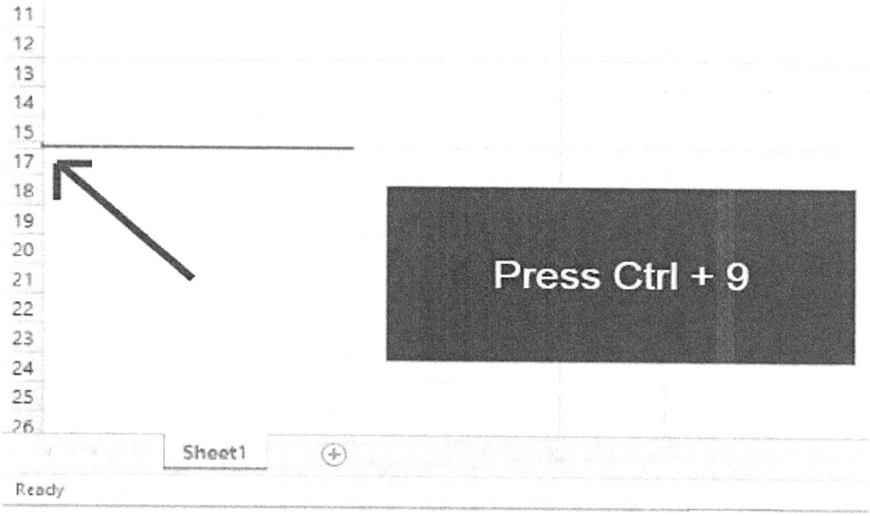

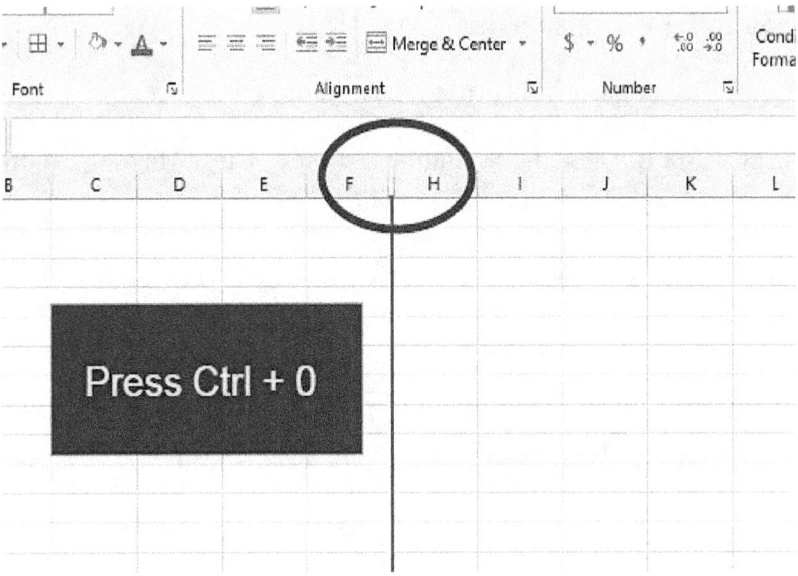
Merge & Center
Font
Alignment
Number
B
C
D
E
F
H
I
J
K
L
Press Ctrl + 0

Añadir fecha y hora actuales

Ctrl+ se utiliza para insertar la fecha actual en una celda.

Si desea incluir la hora actual, utilice Ctrl+Mayús+. Utiliza Ctrl+Mayús+# para cambiar el formato de la fecha.

Del mismo modo, se puede utilizar Ctrl+Mayús+@ para cambiar el formato de la hora.

Action	Shortcut Key
Insert Current Date	Ctrl + ;
Insert Current Time	Ctrl + Shift + ;
Apply Date Format	Ctrl + Shift + #
Apply Time Format	Ctrl + Shift + @

Un atajo de autosuma

Normalmente, se selecciona la región y luego se utiliza la función autosuma para decidir la cantidad, o se utiliza la fórmula para terminarla. Para obtener una cantidad o un importe entero, seleccione la región y pulse ALT+Igual para obtener una cantidad o un importe entero de forma más rápida y sencilla.

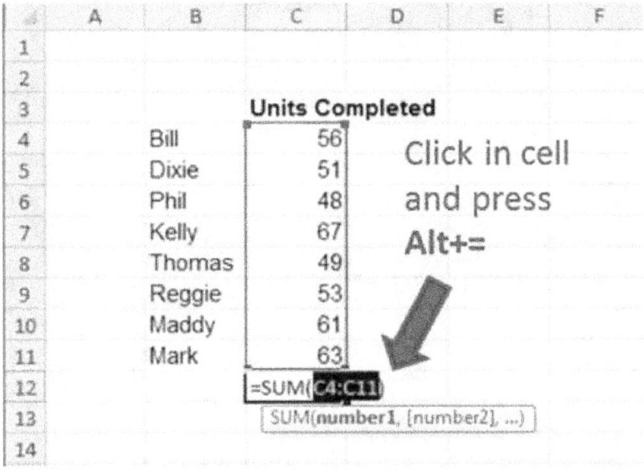

Hipervincular una celda a un sitio web

Por supuesto, si utilizas hojas de cálculo de Excel para hacer un seguimiento de los análisis de sitios web y redes sociales, puede ser muy útil hipervincular la columna. Le permite tener una columna de referencia que enumera todos los enlaces que cada fila está rastreando. Cuando añades una URL directamente en Excel, debe ser clicable por defecto.

En el caso de términos relacionados, como el título de la entrada o el título de la página que está supervisando, debería:

- Toma nota de los términos que hay que conectar.

- Ahora pulsa Ctrl+K. Aparecerá un cuadro que le permitirá introducir su URL vinculada.
- En esa pequeña zona, copia y pega tu URL. A continuación, pulse la tecla Intro.
- Por alguna razón, el atajo no siempre funciona. Por lo tanto, puede completar la operación manualmente seleccionando la celda y pulsando > Hipervínculo.

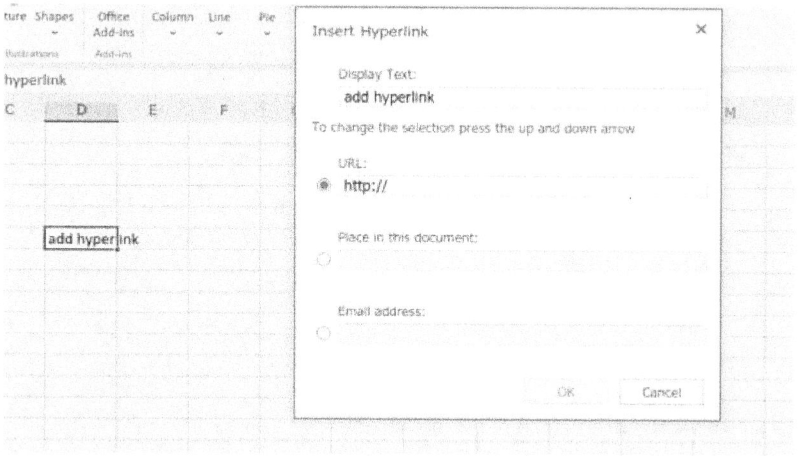

Hemos terminado nuestros Trucos y consejos de Excel para principiantes, ¡y ahora pasamos al nivel semi-intermedio!

2: Teclas de acceso directo de MS Excel 2024

Sin tener que utilizar el ratón, puede navegar rápidamente por las hojas de datos, aplicar fórmulas de cálculo y mucho más utilizando los métodos abreviados de Microsoft Excel.

- **Ctrl más N**: para crear un nuevo libro de trabajo
- **Ctrl más S**: Para guardar un libro de trabajo.
- **Ctrl más O**: para abrir un libro guardado.
- **Ctrl más B**: para poner en negrita las celdas resaltadas.
- **Ctrl más A**: para seleccionar todo el contenido de un libro.
- **Ctrl más C**: Para copiar celdas resaltadas.
- **Ctrl más F**: para buscar cualquier cosa en un libro de trabajo.
- **Ctrl más D**: Para rellenar la celda seleccionada con el contenido de la celda inmediatamente superior.
- **Ctrl más G**: para saltar a una zona determinada con un solo comando.
- **Ctrl más I**: Para poner en cursiva el contenido de las celdas.
- **Ctrl más H**: para buscar y reemplazar el contenido de las celdas.
- **Ctrl más K**: para insertar un hipervínculo en una celda.
- **Ctrl más P**: para imprimir un libro de trabajo.
- **Ctrl más L**: para abrir el cuadro de diálogo crear tabla.

- **Ctrl más R**: para rellenar la celda seleccionada con el contenido de la celda de la izquierda.
- **Ctrl más V**: para pegar todo lo copiado.
- **Ctrl más U**: Para subrayar las celdas resaltadas.
- **Ctrl más W**: para cerrar la carpeta de trabajo actual.
- **Ctrl más 1**: para dar formato al contenido de la celda.
- **Ctrl más Z**: para deshacer la última acción.
- **Ctrl más 5**: para poner un tachado en una celda.
- **Ctrl más 9**: para ocultar una línea.
- **Ctrl más 8**: para mostrar símbolos de contorno.
- **Ctrl más 0**: para ocultar una columna.
- **Ctrl más ;** : Para insertar la fecha actual en una celda.
- **Ctrl más Mayús más :**: Para introducir la hora actual en una celda.
- **Ctrl más** `: Para cambiar la vista de visualización de valores de celda a fórmulas.
- **Ctrl más** -: Para borrar columnas o filas.
- **Ctrl más** ': para copiar la fórmula de la celda anterior.
- **Ctrl más Mayús más =**: Para insertar columnas y filas.
- **Ctrl más Mayús más @**: Para aplicar formato de hora.

- **Ctrl más Mayús más ~**: Para alternar entre la visualización de fórmulas de Excel y sus valores en una celda.
- **¡Ctrl más Mayús más I** Para aplicar el formato coma.
- **Ctrl más Mayús más #**: para aplicar formato de fecha.
- **Ctrl más Mayús más $**: Para aplicar formato de moneda.
- **Ctrl más Mayús más %**: Para aplicar formato porcentual.
- **Ctrl más Mayús más _**: Para eliminar un borde.
- **Ctrl más Mayús más &** : Para poner bordes alrededor de las celdas seleccionadas.
- **Ctrl más -**: Para borrar una fila o columna seleccionada.
- **Ctrl más Mayús más barra espaciadora**: para seleccionar un libro entero.
- **Ctrl más barra espaciadora**: para seleccionar una columna entera.
- **Ctrl más Inicio**: Para redirigir a la celda A1.
- **Ctrl más Mayús más F**: para abrir el menú de caracteres debajo de las celdas de formato.
- **Ctrl más Mayús más Tabulador**: Para pasar al libro anterior.
- **Ctrl más Mayús más O**: para seleccionar las celdas que contienen comentarios.
- **Ctrl más Mayús más Arrastrar**: para arrastrar y soltar una copia.

- **Ctrl más Arrastrar**: para arrastrar y copiar una celda.
- **Ctrl más flecha arriba**: Para ir a la celda superior de una columna actual.
- **Ctrl más flecha derecha**: Para ir a la última celda de una fila seleccionada.
- **Ctrl más flecha abajo**: Para saltar a la última celda de una columna actual.

Estas son las teclas de acceso rápido más populares en MS Excel 2024. Del mismo modo, hay cientos de teclas de acceso rápido disponibles. Al utilizar estas teclas, puede mejorar su velocidad de mecanografía y ahorrar tiempo, además de obtener resultados precisos en su trabajo de oficina, donde no es posible el error humano.

3: Consejos de presentación para MS Excel 2024

Cuando se trata de Excel, una hoja de cálculo es algo más que una colección de cifras en una página. También es fundamental que las hojas de cálculo sean profesionales, fáciles de entender y estéticamente atractivas para los lectores. Tu presentación en Excel no impresionará a tu audiencia si tiene un aspecto tosco y aburrido, por muchas horas de estudio que se hayan invertido en ella o por muy esencial que sea la información que contiene, del mismo modo que un abogado con la corbata torcida y los documentos desordenados levantaría ampollas en un tribunal. Los secretos que esconde este libro le serán muy útiles tanto si está creando una hoja de cálculo para uso privado, como si está pasando información a su equipo o compartiéndola con su jefe de proyecto. Veamos algunas de las mejores técnicas de presentación de Excel para que tus hojas de cálculo destaquen.

Elija un nombre

Cuando se trata de presentaciones en Excel, todo gira en torno a la claridad. Por este motivo, no se puede sobrestimar la importancia de una descripción precisa y fiable del proyecto o de la hoja de trabajo. Puede ser una frase o simplemente una palabra. Sólo asegúrate de que sea fácil de entender para ti y para cualquier otra persona con la que compartas el archivo.

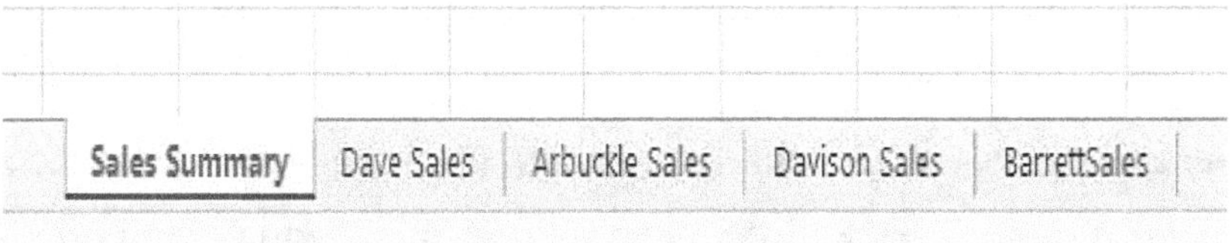

También debes asegurarte de que es diferente de las identidades de cualquier otra hoja de cálculo de tu ordenador.

Después de todo, ¿de qué sirven todas las técnicas que vas a aprender hoy si no puedes identificar la hoja de cálculo en la que las has utilizado?

Tomar modelos en línea

Utiliza plantillas de Excel prefabricadas si eres una persona ocupada que no puede encajar el diseño de una presentación de Microsoft Excel en su calendario. Puede elegir entre una gran variedad de plantillas específicas con diseños, fuentes y colores atractivos. Para personalizarlos, sólo tienes que introducir tus valores y listo.

Por supuesto, el uso de una plantilla le impide mejorar sus habilidades de diseño. Si es más importante para ti que mejorar en la elaboración de presentaciones, entonces adelante, utiliza una plantilla.

Nombre de la cabecera

Para la cabecera y el título todo vale, pero debe destacar.

Su cabecera debe ser capaz de comunicarse con el lector y decirle de qué trata a primera vista. Para ello, utilice un tipo de letra más grande, subraye y ponga en negrita su encabezado. Debe estar centrado y en un color de fuente distinto. Debe destacar y, al mismo tiempo, armonizar con el esquema de colores de la plantilla y el aspecto visual general. Para la cabecera, también puedes elegir distintos tipos de letra. Ten en cuenta que quieres que sea diferente, no aislado.

Hacer y no hacer

Transparencia total: las fuentes de tu hoja de cálculo pueden mejorarla o destruirla. Utilice siempre un tipo de letra coherente para sus datos; puede utilizar el mismo estilo para los encabezamientos o cambiarlo.

Sólo puede utilizar tres fuentes en una misma presentación, y éste es el límite sugerido; de lo contrario, se sobrecargará de trabajo. En este caso, menos es siempre mejor.

Estas son las reglas que hay que seguir para elegir el formato de fuente correcto.

- **Tamaño de letra**

Aunque depende sobre todo de su presentación, se suele recomendar el tipo de letra 12 con interlineado doble para aumentar la legibilidad. Como ya se ha indicado, la fuente de la cabecera puede agrandarse.

Las cabeceras deben ser más grandes que las subcabeceras, que a su vez deben ser más grandes que las fuentes de datos.

- **Tipo de carácter**

Si la legibilidad es una prioridad para usted, las fuentes sans-serif son la opción ideal para su hoja de cálculo Excel. Calibri, Helvetica, Arial y Playfair son sólo algunos ejemplos de fuentes. Pueden brillar en su presentación de Microsoft Excel si se utilizan con el posicionamiento, el espacio y el color adecuados.

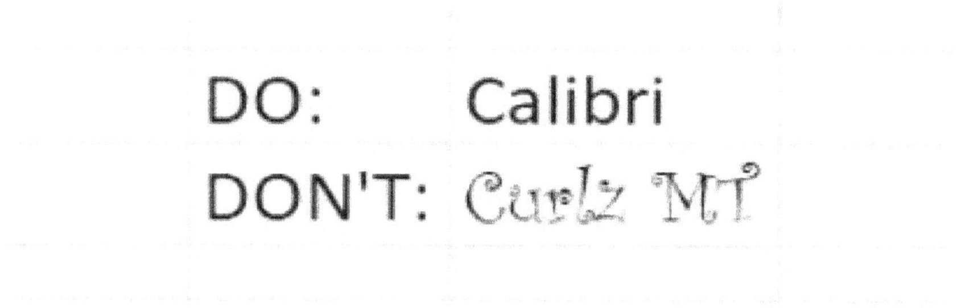

- **Alineación**

La función de alineación de MS Excel no se utiliza con mucha frecuencia. Si quieres que tu presentación tenga un aspecto profesional, deberás aprovechar al máximo la herramienta de alineación .

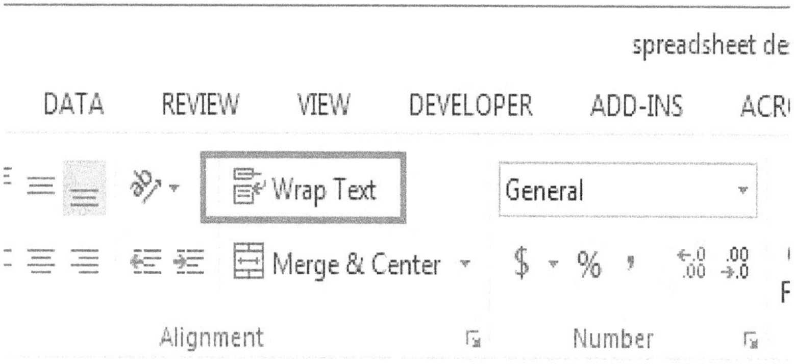

A menos que la alineación sea mejor hacia un lado, los títulos deben alinearse en el centro.

En el caso de los números o la información cuantitativa, los datos deben alinearse en el extremo derecho, mientras que las palabras deben alinearse en el extremo izquierdo.

Al introducir datos, no se recomienda la alineación central.

Para ajustar cualquier dato o título de una celda, selecciónelo o vaya a la barra de herramientas, elija Alineación y, a continuación, ajuste el texto.

- **Color de los caracteres**

Hay demasiado color en tu vida. Aunque esto se suele destacar en el sector de la moda, también es cierto para proyectos como las presentaciones de Excel.

Para su presentación, no debe utilizar más de dos colores complementarios, colores con el mismo tono o dos colores opuestos.

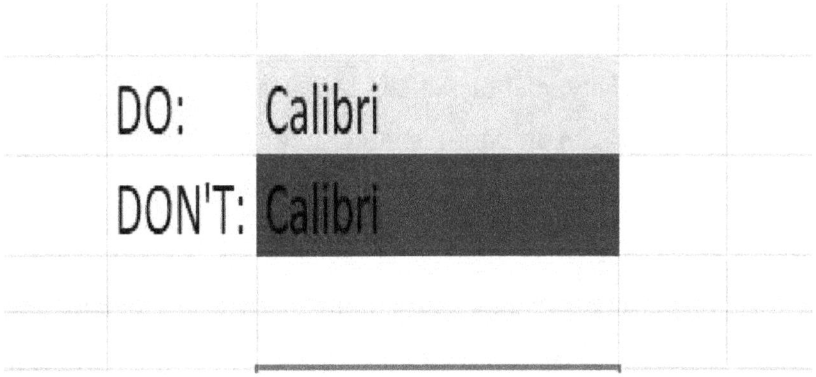

Añadir imágenes

Imágenes, un diseño artístico o su logotipo, para realzar su hoja de cálculo. Muchas de las maravillosas presentaciones que has visto utilizan imágenes para que sus presentaciones parezcan formales y profesionales. Un millón de palabras se expresan en imágenes. Aunque Excel no está diseñado para ofrecer el mismo tipo de presentación que PowerPoint, incluir una imagen puede ayudarte a que tu presentación sea más memorable.

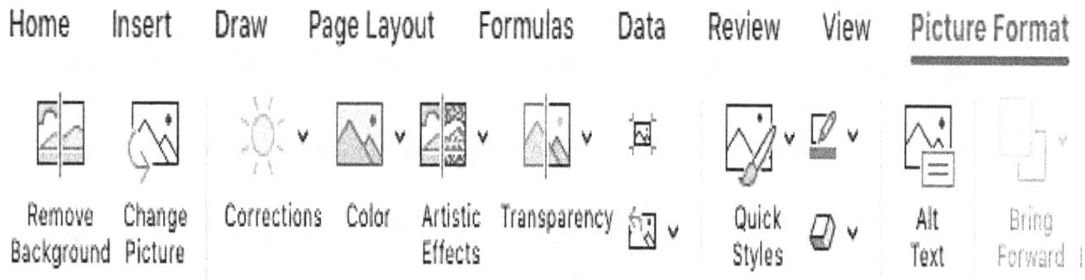

Crear los espacios adecuados

Cuando uno se encuentra con un texto u hoja de trabajo denso, farragoso y lleno de palabras, el cerebro se cansa de leerlo incluso antes de empezar. Sin embargo, cuando hay espacio para respirar y el papel está separado en secciones, resulta más atractivo a los ojos y más fácil de entender para el cerebro.

La norma B2 es el resultado de ello. Comience su presentación en la línea 2 de la columna B. La columna A y la fila inicial están vacías. Esto funciona a las mil maravillas. También debe comprobar que las dimensiones de las filas y columnas son las mismas.

Además, no dejes que la altura y la anchura de tu enunciado se adapten automáticamente.

Su oficina debe permitirle ser flexible y creativo. En su lugar, ajusta manualmente la altura y la anchura de tu presentación para que tenga suficiente espacio vacío, no demasiado, lo que le dará un respiro y mejorará la legibilidad.

Rayas de cebra: la ley Excel de la jungla

En filas montadas una sobre otra, las rayas de cebra alternan tonos oscuros y brillantes.

Esto es ventajoso en varios sentidos.

Para empezar, tiene un aspecto agradable que ayuda a que tu trabajo parezca más ordenado, sobre todo si estás mostrando cientos de columnas de datos.

En segundo lugar, ayuda con la lectura y la correlación.

Un lector puede seguir una línea desde el extremo derecho hasta el extremo izquierdo sin perder de vista la línea que está mirando.

Sales	2011	2012	2013	2014	2015	2016	2017
Arbuckle	$119,031	$128,673	$146,043	$161,816	$183,499	$182,398	$197,537
Barrett	$65,875	$69,498	$75,266	$83,019	$93,562	$101,609	$113,192
Davison	$120,201	$133,784	$151,978	$165,200	$169,165	$188,281	$196,189
Elliott	$75,440	$74,912	$74,163	$75,572	$77,008	$83,476	$82,558
Fletcher	$86,625	$95,894	$95,223	$108,744	$114,399	$131,559	$141,163
Herrman	$112,681	$110,991	$111,435	$125,141	$123,890	$125,872	$130,278
James	$100,065	$107,170	$116,279	$115,116	$120,642	$135,239	$139,567
Kent	$99,204	$110,116	$116,393	$124,308	$140,219	$148,492	$162,450
Kirov	$95,900	$107,504	$118,147	$124,290	$138,708	$137,182	$152,958
Myers	$88,765	$88,321	$100,774	$101,782	$102,495	$110,182	$123,183
Okonye	$121,027	$123,084	$122,346	$125,772	$144,637	$143,480	$158,833
Salgado	$60,149	$60,510	$66,379	$67,840	$71,164	$78,138	$85,483
Davison	$120,201	$133,784	$151,978	$165,200	$169,165	$188,281	$196,189

Puede necesitar una tira de cebra de varias formas.

Cuando añada información en Excel, ésta aparecerá con rayas de cebra por defecto (Consejo: para construir rápidamente una tabla, elija sus datos y utilice la combinación Ctrl + T en un PC o + T en un Mac).

Puede cambiar el color y el diseño de sus rayas de cebra en la pestaña Insertar, en Estilos de tabla.

Si se desea, también puede realizarse mediante un cálculo en formato condicional.

El formato condicional se consigue resaltando los valores que cumplen determinados criterios.

La herramienta pincel de la barra de herramientas puede utilizarse para copiar de una celda a otra.

Definir el estilo de la celda

Excel proporciona una serie de estilos de celda predefinidos, pero puedes diseñar tus propios estilos personalizados que son más fáciles de usar y actualizar porque están hechos por ti.

Si desea mantener la coherencia de sus imágenes, esta es una opción mejor que adquirir una plantilla.

Después de crear una asombrosa hoja de cálculo con los datos anteriores, puedes guardar el estilo para utilizarlo en futuras sesiones.

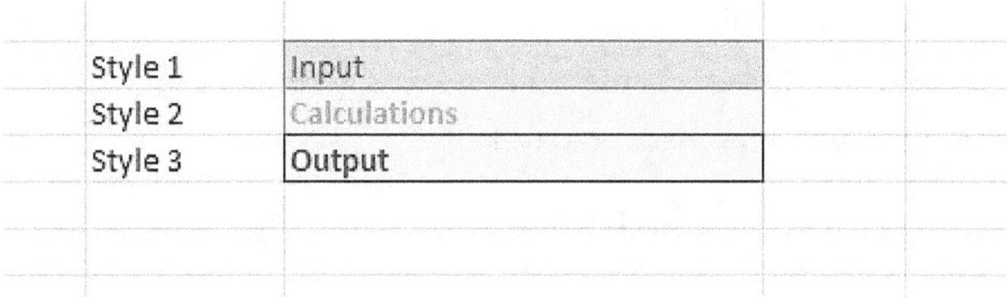

Su presentación es ahora impecable, con el tono y el estilo adecuados.

Sólo tiene que elegir las celdas que desea guardar, ir a la barra de herramientas, seleccionar "otros" en la parte inferior de la galería de diseño y, a continuación, "nuevo estilo de celda".

Aparecerá un cuadro de diálogo de estilos que le permitirá asignar un nombre al estilo, cambiar sus atributos y guardarlo.

Utilización de tablas y gráficos

Sin algún tipo de representación visual, la mayoría de las presentaciones están incompletas.

Necesitas representar gráficamente tus datos básicos de forma que puedan entenderse de un vistazo, ya sea en un gráfico o en una tabla.

Las tablas, los gráficos y los cuadros son herramientas importantes, sobre todo si tienes muchos datos que abarcan muchas filas y columnas.

Los elementos tabla, cuadro y gráfico son como hermanos interdependientes en el entorno Excel. Los necesita para resaltar la brillantez de la brevedad de su trabajo.

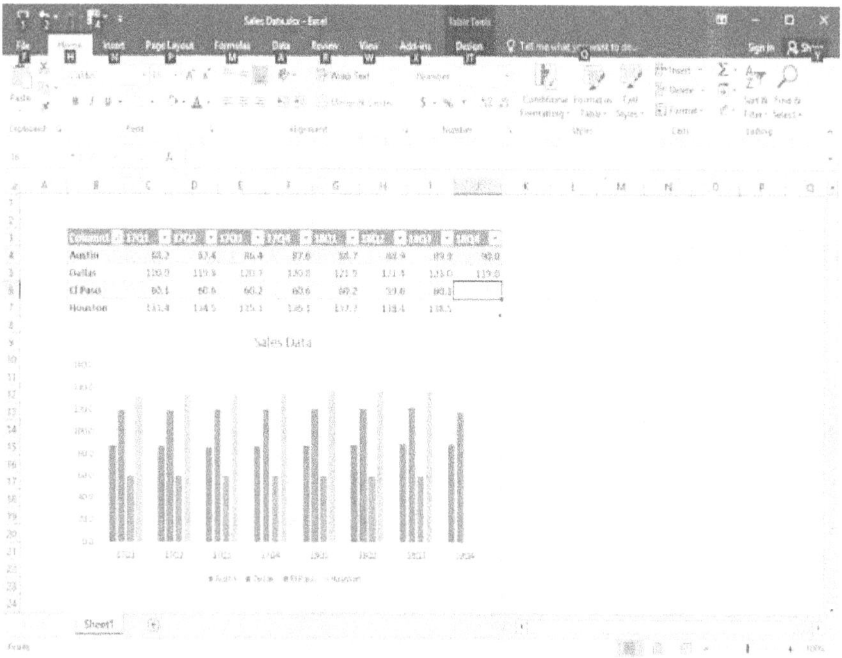

Mostrar control

Ya has asimilado todos estos consejos y estás listo para empezar tu presentación; sin embargo, evita exagerar. No utilices demasiado color ni mezcles demasiados puntos a la vez. Para alcanzar el término medio de "justo lo suficiente", hay que caminar por una estrecha línea entre demasiado poco y demasiado. Como con todo, asegúrese de que su pantalla está completamente equilibrada.

Por último, la forma en que explique con éxito los hechos a su audiencia determinará el resultado de su presentación de Excel. Aunque conocer la psicología de los colores y tipos de letra apropiados es ventajoso. Busca en Internet bonitas presentaciones de hojas de cálculo para ver cómo es lo "más grande". Pero, al final de cada día, el partido está en tu campo, y confiamos en que tu duro trabajo para perfeccionar y mejorar tus habilidades de presentación en Excel se vea recompensado con aplausos.

Conclusión

Después de leer este libro creemos que queda claro cómo utilizar las diferentes funciones de MS Excel, desde las más básicas hasta las últimas versiones y las nuevas funciones de MS Excel 2024. Microsoft Excel desempeñó un papel fundamental en la contabilidad y el mantenimiento de registros para las operaciones empresariales en los primeros tiempos de la informática empresarial accesible.

Una tabla con sólo un estilo autosuma es uno de los mayores ejemplos de un caso de uso de MS Excel.

Introducir una columna de datos y hacer clic en una celda de la parte inferior de la hoja de cálculo, y luego utilizar el botón "autosuma" para que esa celda siga sumando todos los valores introducidos anteriormente, resulta bastante sencillo con Microsoft Excel.

Esto sustituye a los recuentos manuales del libro mayor, que eran un componente de la empresa que consumía mucho tiempo antes del desarrollo de la hoja de cálculo contemporánea.

Con el paso de los años, MS Excel se ha convertido en una herramienta imprescindible para numerosos tipos de informática empresarial, como la revisión de datos diarios, semanales o mensuales, la tabulación de nóminas e impuestos y otros procedimientos empresariales comparables, gracias a autosum y otros desarrollos.

Microsoft Excel se ha convertido en una tecnología crucial para el usuario final, valiosa en la formación y el desarrollo profesional, gracias a una gran variedad de casos de fácil aplicación.

Desde hace un par de años, MS Excel se incluye en un sencillo diploma de negocios en los ordenadores de las empresas, y las agencias de trabajo temporal pueden evaluar a las personas para diversas funciones administrativas en función de su dominio de Microsoft Word y Microsoft Excel.

Microsoft Excel, por su parte, ha quedado completamente obsoleto en algunos ámbitos a medida que ha ido avanzando la tecnología empresarial. Esto se debe a una noción conocida como tecnología de "cuadro de mando visual", a menudo conocida como "visualización de datos".

En general, las empresas y los proveedores han ideado nuevas formas innovadoras de mostrar gráficamente los datos que no requieren que los usuarios finales miren una hoja estándar con una columna de datos e ID.

En cambio, utilizan cuadros, gráficos y otras visualizaciones complejas para captar y comprender mejor las estadísticas.

La gente ha reconocido que "leer" una presentación visual es mucho más fácil.

Los casos de aplicación de MS Excel se modificaron a raíz del concepto de visualización de datos.

Mientras que en el pasado las organizaciones utilizaban MS Excel para gestionar cientos de entradas, los casos de uso empresarial actuales suelen emplear hojas de cálculo que sólo manejan unas pocas docenas de datos por proyecto.

Si la hoja de cálculo tiene más de unas docenas de filas, la información se mostrará mejor en un panel gráfico que en una hoja de cálculo estándar.

Para la elaboración de informes y análisis, Excel es una herramienta de hoja de cálculo muy sofisticada.

Deberías dominar las fórmulas y funciones esenciales de Excel, que te ayudarán a realizar tu trabajo con mayor eficacia.

Se examinan fórmulas y funciones numéricas, textuales, de información y de hojas de cálculo Excel.

Ni que decir tiene que la competencia en Excel contribuye a dar forma a diversas ocupaciones.

Así, MS Excel le ayuda a aumentar su capacidad de trabajo y le proporciona resultados mejores y más eficaces.

Como puede ver, este libro le servirá como un primer paso importante para comprender MS Excel y progresar desde el nivel principiante al avanzado.

Esperamos que sigas estudiando las funciones de Microsoft Excel para convertirte en un verdadero experto.

www.ingramcontent.com/pod-product-compliance
Lightning Source LLC
Chambersburg PA
CBHW071154290526
45796CB00007B/44
9798876352392